IQ 210 김웅용
평범한 삶의 행복을 꿈꾸는 천재

오오하시 요시테루 지음 | 장현주 옮김

옮긴이 · 장현주

인천대 일어일문학과를 졸업한 후 일본문학을 더 깊이 연구하고 싶은 마음에 일본으로 건너가 일본 분쿄대학교 일어일문학과에 진학했다. 여기서 2년간 공부한 후 분쿄대학 대학원에 진학하여 일본문학 석사학위 취득. 이후에도 분쿄대학 대학원에서 연구생으로 1년간 더 일본문학에 대해 연구했다. 프리랜서로 번역 및 일본 원서 리뷰 일을 하고 있다.

IQ 210 김웅용—평범한 삶의 행복을 꿈꾸는 천재
오오하시 요시테루 지음

초판 1쇄 발행일 2012년 10월 29일

옮긴이 · 장현주
펴낸이 · 김종해
펴낸곳 · 문학세계사
주소 · 서울시 마포구 신수로 59-1 (121-110)
대표전화 · 702-1800 ｜ 팩시밀리 · 702-0084
mail@msp21.co.kr ｜ www.msp21.co.kr
트위터 : @munse_books
페이스북 : facebook.com/munsebooks
출판등록 · 제21-108호(1979.5.16)
값 10,000원
ISBN 978-89-7075-554-0 03830
ⓒ 문학세계사, 2012

韓國天才少年の數奇な半生

キム・ウンヨンのその後

大橋義輝

Kankoku Tensai Shonen No Suukina Hansei by Yoshiteru Ohashi
Copyright ⓒ 2011 Yoshiteru Ohashi
All rights reserved.
Original Japanese edition published by Kyoeishobo Publishers

Korean translation copyright ⓒ 2012 by MUNHAK SEGYE-SA Publishing Co.,
This Korean edition published by arrangement with Kyoeishobo Publishers, Tokyo,
through HonnoKizuna, Inc., Tokyo, and Botong Agency

이 책의 한국어판 저작권은 보통에이전시를 통한 저작권자와의
독점 계약으로 문학세계사가 소유합니다.
신 저작권법에 의하여 한국 내에서 보호를 받는 저작물이므로
무단전재와 무단복제를 금합니다.

◻ 한국어판 서문
잊혀진 천재를 찾아서

아무리 뒤쫓아도 만나지 못했습니다.

나에게 있어서 김웅용은 환상의 존재였습니다. 언젠가 반드시 그와 만나고 싶다는 바람으로 집 앞 정원에 무궁화 나무를 심어놓았습니다.

김웅용이 4세 때에 내가 소속되어 있던 후지TV에 출연하여 2000년에 한 번 나올까 말까 한 천재라고 세상을 떠들썩하게 만들었습니다.

그러나 이후의 소식은 들을 수가 없었습니다.

김웅용이 21세가 되었을 때 나는 한국에 건너가 그를 찾았습니다만, 그의 어머니만 만났을 뿐 본인과 만나지는 못했습니다.

2010년의 늦가을, 전철을 타고 가는 도중 갑자기 하늘에서 소리가 들려왔습니다.

"김웅용의 현재를 전해라! 다시 한번 웅용을 찾아봐라!"라는 소리였습니다.

저는 다시 한 번 김웅용을 찾기로 결심했습니다. 그러나 사상 최악의 일본 대지진이 일어났습니다. 저는 괜찮았지만 친척(미야자키현

이시마키시와 히가시마츠시마시)은 쓰나미로 집이 파괴되었습니다. 다행히 모두 목숨만은 건졌습니다만 친척들은 지금도 가건물에서 임시로 거주하고 있습니다.

잠시 포기 상태였던 김웅용의 취재를 시작하여 겨우 그의 직장(충북개발공사)에 도착했습니다.

'사전 연락 없이 가자. 사전 연락을 하면 분명히 거절당할 것이다. 한국의 매스컴들조차 그를 취재하는 것이 어려우니까, 만날 수 있는 확률은 극히 적을 것이다. 그렇지만 실패해도 그만이라는 생각으로 부딪쳐보자.'

그런데 기적적으로 김웅용과 만날 수 있었습니다. 지금까지 나는 마음 속으로 김웅용은 신경질적이고 웃지도 않는 까다로운 사람일 것이라고 생각했습니다. 그러나 직접 그를 만나고 이런 고정 관념은 한순간에 사라져 버렸습니다.

웃음 띤 얼굴은 붙임성이 있어 보였으며 조금 부끄러운 듯한 표정에 호감을 느꼈습니다. 따뜻한 분위기를 풍기고 있어서 분명 행복한 가정의 가장일 것이라고 생각했는데 정말 생각한 대로였습니다.

얼마 전에 미국 교육정보 사이트(SuperScholar.org)가 발표한 '세계에서 가장 똑똑한 10인' 중에 이론물리학자인 스티븐 호킹과 함께 김웅용도 선정되었습니다.

김웅용을 통해서 교육자의 자세, 부모 자식 관계, 인간의 행복이란 무엇인가 등을 생각해볼 수 있다면 필자로서는 더할 수 없이 기쁠 것입니다.

  무엇보다 이 책이 한국에서 출간된다는 것은 생각지도 못한 기쁨입니다. 출간의 기회를 주신 문학세계사에 진심으로 감사를 드립니다. 또한 한국의 많은 분들이 읽어 주신다면 이보다 행복한 일은 없을 것입니다.

2012년 가을, 무궁화가 만개한 고시가야의 집에서
오오하시 요시테루

□ 차 례 --

한국어판 서문 …… 5
프롤로그 …… 11

제1장 2011년 봄, 기내에서

천재를 만나러 가다 …… 14
4살짜리 꼬마, 도쿄대생을 이기다 …… 17
인류 역사상의 천재들 …… 23
김웅용의 부모를 설득한 '엄마와 아이의 후지TV' …… 26
한자를 읽는 1살짜리 꼬마 …… 29
김웅용이 태어난 시대 …… 30
3살 때 출판한 『별한테 물어 봐라』 …… 32
역대 천재의 IQ 순위와 뇌의 무게 …… 34
천재가 되는 방법? …… 39
일본에서의 마지막 TV 출연 …… 42

제2장 1983년 가을, 김웅용 21세

『기네스 북』에서 김웅용의 이름이 사라졌다 …… 46
김웅용을 찾는 여행, 제1탄 …… 48
"아들 얘기는 지금 하고 싶지 않다" …… 50
김웅용이 다시 한 번 세상을 떠들썩하게 한 이유 …… 52

조기 교육의 공적과 허상 …… 55
천재 교육—내 주변 사람들의 예 …… 59
천재의 길을 걷게 하겠다 …… 64
"거짓말도 한 방편" …… 67
천재의 기구한 운명 …… 70
오오노 프로듀서 덕분에 …… 74
"지금은 조용히 지켜봐 주세요" …… 79
"그렇습니까? 그가 평범한 사람이 됐습니까?" …… 83

제3장 2011년 봄, 김웅용 48세

김웅용, 다시 한 번 …… 86
한국의 교육—입시 학원·대학 진학률 1위 …… 91
세월 속에 묻힌 단서 …… 95
아버지에 대한 반발? …… 98
일본대지진과 '21세기의 위대한 지성' …… 101

제4장 2011년 봄, 한국

미시마 유키오와 김웅용 …… 106
여전히 가로막고 있는 부모라는 장벽 …… 109
이것이 한국의 영재교육 …… 114
만날 수 있다, 만날 수 없다, 만날 수 있다 …… 118
김웅용의 직장에 도착 …… 123

제5장 드디어 찾았다!

김웅용은 "안에 있습니다" …… 128
그 사진이 궁지에서 구출해 주었다! …… 130
평범한 가정의 가장이 된 김웅용 …… 134
김웅용과 위너 …… 139
평범한 행복을 발견한 천재 …… 143
남겨진 중요한 임무 …… 148

제6장 2011년 봄, 일본

오오노 프로듀서의 부재 이유 …… 152
또 하나의 재회 …… 155
여행의 마지막 …… 158

에필로그 …… 160
맺는말 …… 161

부록 2012년 봄, 한국

김웅용이 말하는 'IQ 천재' 그 이후의 삶 | 정용인 …… 165

프롤로그

간혹 매스컴은 "써 갈기기만 하고 뒷일은 나 몰라라 한다"는 비난을 받고 있는데 이것은 현재의 상황 보도에만 급급할 뿐 이후의 보도에 대해서는 소홀하기 때문이다. 어찌 보면 새로운 정보가 홍수처럼 터져 나오는 지금 시대에 이러한 현상은 당연한 것일지도 모른다.

그러나 현장 기자에게는 다소 찔리는 말이기도 하다.

나는 TV와 주간지 기자로 일했다.

내가 소속되었던 후지TV는 일찍이 '2000년에 한 번 나올까 말까 한 IQ 천재'라고 불렸던 4살짜리 꼬마를 브라운관에 등장시켜 그의 놀라운 재능을 시청자에게 보여 주었다.

그 결과 유아교육학자는 물론 많은 일본인을 경악시켰다. 이 소문은 미국에까지 퍼져 《타임》지가 특집으로 다룰 정도였다.

그야말로 인류 역사상 가장 높은 IQ를 가진 이 꼬마는 시대의 총아가 된 것이다.

이 한국 꼬마의 이름은 김웅용이라고 했다. 지금부터 44년이나 전의 일이다.

그러나 이후 김웅용은 무슨 이유에서인지 매스컴에서 사라졌다. 얼마 안 있어 사람들은 그의 이름을 잊었다.

나는 김웅용이 21세가 되었을 때 어떤 청년이 되었을까 하는 궁금증으로 추적을 시도한 적이 있었으나 안타깝게도 만나지 못했다.

시간이 지남에 따라 나에게 있어서 김웅용은 영국 네스호에 산다는 괴물 네시처럼 환상의 존재가 되어갔다. 그러나 마음 한켠에는 언젠가 반드시 그와 만나고 싶다! 라는 소망이 남아 있었다.

이 소망을 행동으로 옮기게 만든 것이 바로 "써 갈기기만 하고 뒷일은 나 몰라라 한다"는 말이다.

여하튼 나는 일종의 사명감에 휩싸여 다시 한 번 김웅용을 추적하는 여행길에 올랐다.

제1장
2011년 봄, 기내에서

천재를 만나러 가다

엔진 소리에 거대한 몸체가 부르르 떨고 있다. 수백 톤이나 하는 거대한 몸체는 잠시 후 공중에 뜰 것이다.

안전벨트를 매라는 안내 방송과 함께 제트 엔진 소리는 한층 더 커졌다.

귀청이 떨어질 정도로 커다란 울림 소리를 남기며 거대한 몸체는 움직이기 시작했다. 점점 스피드가 붙더니 거대한 몸체가 마치 무중력 상태인 것처럼 가볍게 공중에 떴다. 그리고 높이 상승한 뒤 왼쪽으로 크게 선회했다. 거대한 몸체가 기울자 창문으로부터 보이는 경치도 기울어져 있다.

나도 모르게 눈을 돌린다.

이렇게 대한항공 2712편은 이륙했다.

비행기 공포증이 있는 내가 어떤 인물을 만나기 위해 비행기를 탄 것이다. 목적지까지는 2시간 15분. 심장이 고동을 치고 손에는 진땀이 가득하다.

고도 1만2천 미터에 달하자 기체가 안정되기 시작했다. 안전벨트 표시등이 꺼지고 객실 승무원들이 잡지 종류를 가지고 나타났다. 그제서야 겨우 안도의 한숨을 내쉴 수 있었다.

미증유의 일본대지진* 직후였다면 대부분의 승객은 외국인이었을 것이다. 외국인들에게 있어서 후쿠시마 원자력 발전소 사고에 의한 방사능 물질 유출은 엄청난 위협이었다. 매스컴에서도 "도쿄에 방사능이 온다"며 선동적으로 보도했기 때문이다.

어떤 중국인 마사지사는, 우에노와 신바시에서 일하던 중국인 마사지사들도 위협을 느끼고 거의 다 귀국해 버려 혼자 이 가게 저 가게를 돌며 일인 몇 역을 감당하고 있어서 너무 힘들고 바쁘다며 푸념을 늘어놓았다.

일본대지진으로부터 1개월 정도가 지나서인지 일본인 승객이 대부분이고 외국인 승객의 모습은 드문드문 보였다. 내 자리 앞에 앉은 두 명의 중년 여성은 맥주를 마시며 배용준 등 한류스타 이야기를 나누고 있었다. 남편에게 집을 부탁하고 드라마 로케지 여행을 떠난 것인지도 모른다.

나는 어떤 인물을 만나기 위한 미션을 수행하기 위해 동해 바다를 건너려 한다.

이유가 있어 사전 약속은 하지 않았다.

그야말로 운에 맡기는 것이다.

과연 이 인물을 만날 수 있을 것인가? 이런 불안한 마음으로 잘 타지도 못하는 비행기 안에 앉아 있다.

---

* 2011년 3월 11일 금요일 오후 2시 46분에 발생. 일본 동북부 지역에 규모 9.0의 강진과 쓰나미가 강타. (본문 중 *표시는 번역사 주)

눈을 감자 그 사람이 선명하게 그려졌다.

— 2000년에 한 명 나올까 말까 한 기적의 꼬마 소년 출연!
새로운 프로그램 〈만국 깜짝쇼〉
오늘 밤 7시 30분 후지TV
신기한 천재 꼬마 소년, 김웅용은 태어난 지 겨우 4년 8개월밖에 되지 않았지만 한양대학교 1학년 학생이다. 야노 켄타로(矢野健太郎) 교수가 출제하는 어려운 '적분' 문제를 그 자리에서 풀거나 사상성이 풍부한 시를 짓거나 일본인에게 따끔한 비판을 하거나 할 것이다.
세기(世紀)의 기적을 행할 김웅용의 모든 것, 오늘 밤 절대 놓치지 말기를.

이것이 지금부터 44년 전인 1967년 12월 2일의 신문광고이다.
이 캐치카피는 시청자들의 커다란 관심을 모았다. 2000년에 한 번 나올까 말까 한 인물을 꼭 보고 싶다는 열망을 불러일으킨 것이다.
지금의 초등학교 5학년생들에게 이 카피를 보여준다면 대부분 잘못 이해할 것이다. 왜냐하면 그들은 2000년도에 태어났기 때문에 연도로 오해할 소지가 크다.

어쨌거나 당시의 프로듀서나 감독의 증언을 바탕으로 이 방송의 일부를 지면에 재현해 보겠다.

4살짜리 꼬마, 도쿄대생을 이기다

도쿄 신주쿠 가와다초에 있는 후지TV 제1 스튜디오.

사회는 NHK에서 일하다가 프리를 선언한 야기 지로 아나운서. 야기 아나운서는 도쿄대 출신으로 NHK에서 가장 뛰어난 지성파로 유명했다. 문제 제출자는 도쿄공업대학 교수인 야노 켄타로. 야노 교수는 도쿄대 대학원을 거쳐 미국 프린스턴 고등연구소에서 상대성이론으로 유명한 알베르트 아인슈타인과 2년간 함께 연구를 한 경험을 갖고 있다.

일반 시청자 200명이 스튜디오 안을 가득 메우고 있다. 김웅용에게 출제된 문제는 다음과 같다.

$$\int \frac{2x}{\sqrt{4-3x^2}} dx$$

야노 교수에 의하면 대학 입시 정도의 문제이지만 일반인들이 풀기에는 어려운 문제라고 한다.

야기 아나운서가 김웅용을 안아서 칠판 앞에 있는 발판에 올려주었다. 7 대 3으로 정갈하게 가른 머리 스타일에 '복(福)', '수(壽)'라는 글씨가 장식된 한복을 입고 있었다. 생후 4년 8개월.

두 명의 도쿄대 학생이 김웅용과 함께 문제에 도전한다.

후지TV 〈만국 깜짝쇼〉에서. 부정 적분 문제를 푸는 4세의 김웅용.
왼쪽이 야노 켄타로 교수와 사회자인 야기 지로 아나운서.
오른쪽에 치마 저고리를 입고 있는 여성은 김웅용의 어머니인 유명현 씨.

두 명의 도쿄대 학생이 김웅용과 함께 문제에 도전했다. 김웅용이 문제를 풀고 나서 몇 분 뒤에야 두 명의 도쿄대 학생들도 문제를 다 풀었다. 두 명 모두 정답이었으나 4살짜리 꼬마에게 일본을 대표하는 천하의 도쿄대학교 학생들이 진 것이다. 김웅용의 천재성이 TV를 통해 일본 전역에 알려진 순간이었다.

야노 교수의 신호로 경쟁이 시작됐다. 김웅용은 칠판에 적힌 문제를 보자마자 분필을 집어 들고 풀어나가기 시작했다. 마치 벽에 낙서라도 하듯 복잡한 수식을 척척 써내려갔다. 스튜디오 안이 술렁거리며 여기저기서 경탄의 소리가 들려왔다.

한편 도쿄대생들은 얼굴을 찌푸리며 문제와 씨름하고 있었다. 누가 봐도 김웅용이 압도적으로 우위에 있었다.

김웅용은 '다 풀었다'는 신호로 오른손을 들었다. 두 명의 도쿄대 학생은 여전히 문제와 씨름 중이었다.

야기 아나운서가 야노 교수에게 수식을 확인해 달라고 하자 야노 교수는 김웅용이 쓴 해답 앞으로 가 섰다. 스튜디오 안은 쥐 죽은 듯 조용해졌다. 한복을 입은 웅용의 어머니는 불안한 표정.

이윽고 야노 교수의 차분한 목소리가 들려왔다.

"정답입니다."

이 말과 동시에 스튜디오가 떠나갈 듯한 박수 소리가 울려 퍼졌다. 웅용의 부모의 얼굴에도 미소가 번졌다.

김웅용이 문제를 풀고 난 몇 분 뒤에야 두 명의 도쿄대 학생들도 문제를 다 풀었다. 두 명 모두 정답이었으나 겨우 4살짜리 꼬마에게 일본을 대표하는 천하의 도쿄대 학생들이 진 것이다.

김웅용의 천재성이 TV를 통해 일본 전역에 알려진 순간이었다.

방송 직후 시청자들로부터 전화가 쇄도해서 전화 교환대는 마비상태였다고 전직 전화 교환원이 그 때를 회상하며 말해 주었다.

"과연 2000년에 한 명 나올까 말까 한 천재" "인류의 보물" "어떤 교육을 받았는지 알고 싶다" "장래가 기대된다. 그의 성장과정을 방송해주기 바란다"라는 의견이 압도적으로 많았다고 한다.

방송 직후 야노 켄타로 교수는 다음과 같이 술회했다.

"부모는 아이가 정답을 쓰기까지 불안 초조했을 것입니다. 저 역시 조마조마했습니다. 보통의 아이라면 저런 문제를 절대로 못 풀지요. 겨우 4살인 걸요."

그는 눈이 튀어나올 정도로 놀란 듯했다.

야노 교수는 국비유학생으로 프랑스에 건너가 「비홀로노믹 상대성이론」이라는 논문으로 파리 대학에서 이학박사 학위를 취득했다. 그리고 이 논문이 아인슈타인의 눈에 들어 앞에서 말한 대로 프린스턴 고등연구소에서 2년 동안 아인슈타인과 함께 한 것이다. 다시 말하면 야노 교수는 엘리트 중에 엘리트이다.

김웅용은 이런 야노 교수를 놀라게 할 정도로 대단했던 것이다.

"지금까지는 천재라고 해도 인간이었습니다. 그러나 그 아이는 인간이 아닙니다. 거의 신재(神才)에 가깝습니다."(교육평론가 시모다 세이시 씨)

시모다 씨 역시 신재(神才)라는 말을 만들어낼 정도로 김웅용의 천재성에 푹 빠졌다는 말일 것이다.

그건 그렇고 방송 다음날 시청률이 35%(비디오 리서치)를 기록했는데 이것은 후지TV의 연간 시청률 제7위에 해당되는 수치였다. 참고로 이 해의 시청률 1위를 차지한 프로그램은 세계 밴텀급 타이틀

매치(파이팅 하라다 VS 카라바로)로 시청률 75%였다. (『후지TV 개국 50년사』에서)

이후 김웅용은 신문, 주간지, 월간지에 차례차례 등장했다. 일본뿐 아니라 미국의 《타임》지도 특집으로 보도했다. 김웅용은 한국의 아인슈타인으로 불리며 시대의 총아가 되어 가고 있었다.

여기에 김웅용의 특집기사 타이틀을 몇 개 열거해 보겠다.
"세계 제일의 천재 꼬마 소년을 낳은 부모의 비밀"(《여성자신》)
"뛰어난 천재 꼬마 소년 김웅용을 이렇게 키웠다"(《여성자신》)
"한국의 천재 꼬마 소년은 대학교 1학년"(《주간 산케이》)
"한국에서 온 4살짜리 아인슈타인"(《주간 아사히》)
"한국에서 온 천재 꼬마 소년"(《아사히 그래프》)
"희대의 천재를 낳은 부부의 비밀"(《주간 현대》)
등등 예를 들자면 끝이 없다.
교육평론가 아베 스스무 씨도 다음과 같은 코멘트를 남겼다.
"인간의 뇌세포는 회로가 200억 개나 있다고 합니다. 보통의 어른이라도 실제로 활동하는 회로는 7000만 개에 지나지 않습니다. 미국의 과학 우주국에서는 50년 후의 인간은 지금보다 2000배의 능력이 요구된다고 전자계산기로 산출했습니다. 다시 말하면 이 아이는 50년 후의 인간의 능력을 가졌다고 할 수 있습니다."(《주간 현대》)

인류 역사상의 천재들

천재라면 반드시 이름이 거론되는 사람 중 하나가 독일 태생의 유대인 알베르트 아인슈타인이다.

그는 후두부가 비정상적으로 커서 마치 외계인 같았다느니, 어렸을 때는 말이 어눌해서 주위 사람들이 걱정스러워했다느니 하는 여러 에피소드가 남아 있다.

아인슈타인은 스위스 취리히에 있는 취리히 연방 공과대학교에 응시했으나 실패했다. 수학 성적은 뛰어났지만 수학 이외의 과목은 점수가 좋지 못했기 때문이다.

그래서 스위스의 고등학교에서 1년간 공부한 후, 다시 말하면 재수를 해서 다음 해 겨우 추천 입학을 할 수 있었다.

천재 아인슈타인이 수험에 실패하다니…… 거기다 케임브리지, 옥스퍼드, 하버드 같은 세계의 명문 대학도 아니고 취리히 연방 공과대학교를 떨어지다니 믿어지지 않는 이야기이다.

아인슈타인의 경우는 1901년 1년간의 실직 상태와 1902년부터 3년간의 숙성 기간을 거친 후 폭발적인 창조의 해로 불리는 1905년에 접어든다. 이 해에 특수상대성이론, 광전효과, 브라운운동의 이론, 이렇게 3편의 논문을 동시에 발표한 것이다.

즉, 불운한 시기야말로 천재의 꽃을 피게 하는 원동력이 된 것이다.

영화 감독 채플린은 자서전에 아인슈타인의 아내 이야기를 다음과 같이 기록하고 있다.

"아인슈타인은 서재에 틀어박혀 아무도 만나지 않고 피아노를 치거나 메모를 하며 밖으로 나올 생각을 하지 않았다. 식사도 서재로 가져오게 했다. 2주가 지난 어느 날 창백해진 얼굴로 서재에서 나와서는 '바로 이거다' 라고 중얼거리며 종이조각을 테이블 위에 올려 놓았다. 이것이 상대성이론이었다."

아인슈타인은 카이조사(改造社)의 초대로 일본에 한 달 남짓 머문 적이 있다. 아인슈타인이 방문한 해가 1922년이니까 관동대지진이 나기 1년 전이다. 닛코에 있는 카나야 호텔의 12월 5일 날짜의 숙박명부에 그의 사인이 남아 있다.

주소 항목에는 베를린, 국적이라는 항목에는 유대, 나이라는 항목에는 42세라고 적혀 있었지만 1879년 3월 14일 생이므로 정확한 나이는 43세이다. 나이를 한 살 적게 적은 부분이 재미있다. 여성스러운 필체에 글씨가 작은 편이었다.

방 번호는 15번이었는데 지금의 31호실이다. 나는 아인슈타인이 묵었던 방에 들어가 보았다. 이 방에서 하룻밤 묵지는 않았지만 아인슈타인이 받았을 느낌을 같이 나누고 싶었다. 그리고 이렇게 하면 혹시 IQ가 10정도는 높아지지 않을까 하는 아이 같은 상상도 해보았다. 아마도 시험 전에 합격을 소망하며 합격 기원 상품을 산다든지 절이나 교회에 가서 소원을 빈다든지 하는 것과 같은 심리일 것이다.

세계에는 아인슈타인 외에도 천재라 불리는 인물들이 있다.

프랑스의 문호 마르셀 프루스트는 모든 창문마다 코르크를 붙여 외부의 잡음을 차단한 후 위대한 장편 『잃어버린 시간을 찾아서』를 집필했다고 한다. 뛰어난 집중력이야말로 천재의 자질일 것이다.

　토마스 에디슨은 "천재란 1%의 영감과 99%의 노력"이라고 했고 철학자 칸트는 "천재는 교육에 의해 만들어지지 않는다"라고 했다. 즉 천연 다이아몬드는 결코 인공적으로 만들어지는 것이 아니라는 의미일 것이다.

　김웅용처럼 IQ(지능지수)가 150 이상이면 천재라고 불린다. 측정 불가능이라는 설명과 함께 김웅용은 IQ 210이라는 판정을 받았는데 이 수치는 당시 세계 최고였다.

　참고로 2011년 9월 현재는 미국의 칼럼니스트 겸 작가, 극작가인 마릴린 보스 사반트가 IQ 228이라는 기록을 보유하고 있다.

　그러나 김웅용과 단순 비교는 어렵다. 약 40년 전과 지금과는 측정 방법도 다소 다를 뿐 아니라 마릴린이 받은 IQ 테스트는 그 내용에 따라 결과도 조금씩 다르기 때문이다. 마릴린의 IQ 테스트 결과는 167, 186, 218, 228, 230 등으로 매번 달랐다. 이 수치 중에서 기네스는 228이라는 수치를 선택한 것이다.

　또한 천재라고 해도 살아 있을 때는 평가받지 못하다가 죽고 나서 평가받는 경우도 있다.

　화가 고흐, 작곡가 슈베르트가 이런 사람들이다. 그리고 화가 야마시타 기요시처럼 지적 장애를 가지고 있으나 풍경에 관해서는 발군의 기억력을 보이며 예술작품을 만들어내는 천재도 있다.

김웅용의 부모를 설득한 '엄마와 아이의 후지TV'

다시 김웅용의 이야기로 돌아가자.

김웅용을 방송에 섭외하기까지는 치열한 경쟁이 있었던 모양이다. 오오노* 프로듀서에 의하면 경쟁에 참가한 것은 "전통 있는 민간 방송 일본TV", "보도의 TBS", 그리고 "엄마와 아이의 후지TV" 였다.

"한국에 굉장한 신동이 있다는 말을 듣고 반신반의하며 한국에 갔습니다. 그 아이를 본 순간 그다지 마음에 들지 않았습니다. 아무래도 방송국에서 일하다 보니 눈에 보이는 부분을 우선시하게 되더군요. 굉장한 신동이라는 말에 왠지 눈빛도 다르고 뭔가 근접하기 어려운 분위기가 있거나 후광이 느껴지거나 할 것이라는 이미지를 가지고 있었거든요. 한데 보통 아이와 다를 것이 하나도 없어 조금 실망했습니다. 그런데 그 아이가 쓴 시를 보고는 너무 놀랐습니다. 지금도 기억하고 있습니다. '책 속에 무엇 있나, 글이 있지, 글 속엔 무엇 있나, 우주가 있다' 라는 시였습니다. 그 아이가 바로 김웅용 군이었지요."

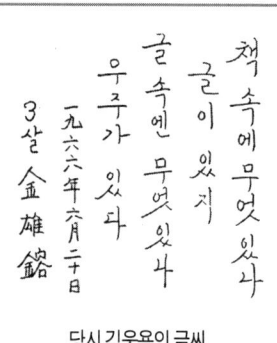
당시 김웅용의 글씨.

---

* (원주) 본문 중에 나오는 오오노 마사토시 프로듀서의 이름은 본인과 가족을 배려하여 가명을 사용했습니다.

오오노 프로듀서는 김웅용 군이 너무 마음에 들어 그 자리에서 출연 요청을 했고 당연히 승낙할 줄 알았다.

그러나 부친은 출연 요청을 받아들이지 않았다. 다른 방송국에서도 출연 요청을 받았으니, 웅용에게 가장 좋은 일본 방송국이 어디인지 잘 생각해본 후 결정하겠다고 대답했다. 오오노가 타 방송국을 조사해보니, 자신의 상황이 좋지 않다는 것을 알 수 있었다.

"TBS 방송국에는 재일 교포 감독이 있어서 저희 쪽이 불리했습니다. 그 쪽은 같은 동포라는 연결고리를 가지고 있었으니까요. 섭외하는 것이 만만치 않겠다는 생각이 들었습니다."

『후지TV 10년사』에 이런 기록이 있다.

"〈만국 깜짝쇼〉는 일본에서 열리는 엑스포에 앞서, 세계 각국에서 놀랄 만한 능력을 가진 사람을 후지TV 스튜디오에 초대하여 국제 친선을 도모함으로써 엑스포를 보다 국제적인 행사로 그 분위기를 고조시키기 위해 기획된 프로그램이다."

후지TV는 이러한 〈만국 깜짝쇼〉의 첫 회에 김웅용을 내보내고자 한 것이다. 일본TV, TBS에 비해 비교적 늦게 개국한 후지TV는 캐치카피를 앞세웠던 게 특색이었는데, 지금은 매년 카피를 변경하고 있다. 참고로 2011년의 캐치카피는 "벗어 버리자! 날아 오르자! 후지TV"이다. 당시의 캐치카피는 "엄마와 아이의 후지TV"로 고정되어 있었는데 스탭들은 이 카피 문구를 강조하며 웅용의 부모를 공략하기 위해 매일 지혜를 짜 모으고 있었다.

그러나 웅용의 부모는 쉽게 승낙하려 하지 않았다.

그래서 김웅용을 섭외할 목적으로 부모와 웅용을 일본에 초대했다. 우선 후지TV 방송국을 둘러본 후 도쿄를 안내하기로 했다. 그런데 어디가 좋을까? 도쿄에 오면 누구나 한번쯤은 가는 도쿄타워나 아사쿠사가 좋을까?

마침내 오오노 프로듀서의 머리 속에 갈 곳이 정해졌다.

바로 간다 진보초에 있는 고서점가였다. 이곳은 약 160개 정도의 고서점들이 늘어서 있는 세계 제일의 고서점가이다. 이곳에 안내하니 대학에서 교편을 잡고 있는 양친은 물론 장래 아인슈타인을 꿈꾸는 김웅용도 뛸 듯이 기뻐했다고 한다.

"김웅용 군과 손을 잡고 고서점가를 돌아다녔습니다."

오오노 프로듀서는 그 때가 그리운 듯 미소를 지었다.

고서점가에 안내한 것이 효과가 있었는지 결국 웅용의 부모는 후지TV의 출연 요청을 받아들였다.

일반적으로 TV 프로듀서라고 하면 자신만만한 태도와 발빠르게 움직이며 맡겨진 일을 척척 처리해내는 사람이라는 이미지가 있는데, 오오노 프로듀서의 경우는 이 이미지와 전혀 맞지 않는다. 그는 언제나 미소를 띠고 있으며 말투 또한 부드럽다. 이런 그가 '동포라는 강력한 연결고리'를 가진 TBS를 이긴 것이다.

〈만국 깜짝쇼〉를 방송한 후지TV에서는 시청자의 요청에 따라 이후 김웅용을 2회에 걸쳐 방송에 출연시켰다.

그 중 하나가 2년 후인 1969년 1월 1일에 방송된 새해 특별 방송인 〈한국의 신동 · 김웅용〉이다. 이 때는 김웅용보다 3살 어린 남동생 장용, 여동생 예용도 함께 출연했다. 김웅용은 일본에 대한 인상을 다음과 같이 표현했다.

"일본인의 생각은 X 이제곱이고 행동은 X 마이너스 이제곱이다."

'일본인은 말과 행동이 일치하지 않는다'라고 이야기하고 싶어한 것 같다.

"앞으로 일본과 한국의 관계는 어떠해야 하는가?"라는 질문에 "일본은 H(수소)이고 한국은 O(산소)이다. 서로 녹아들어 물처럼 사이좋게 지내야 한다"고 대답했다.

김웅용이 방송에 출연한 1967년은 한국과 일본이 국교를 정상화한 지 2년밖에 지나지 않은 때였다.

한자를 읽는 1살짜리 꼬마

김웅용의 부모에 대해 적어 보겠다.

아버지 김수선 씨는 서울대학교 대학원을 수석으로 졸업했다. 웅용이 후지TV에 처음 출연했을 때는 한양대학교 물리학 부교수였다. 한편 어머니 유명현 씨도 같은 대학에서 보건학을 가르치고 있었다.

이 두 사람은 신기하게도 생일(1934년 5월 23일)이 같을 뿐 아니라 혈액형도 A형으로 같다. 한국에서는 생일이 같은 부부 사이에서 천재가 태어난다는 말이 있는데 정말 그 말대로 된 것이다.

양친이 쓴 「육아비화」에 의하면 결혼 2년째인 1963년 3월 7일, 장남 웅용은 서울시 종로구 무교동의 어느 병원에서 태어났다. 출생시 몸무게는 2.7킬로그램으로 평균보다 약간 작게 태어났다.

김웅용은 생후 3개월 때에 엄마, 아빠라고 말했고 8개월 때는 장기를 배웠다고 했다. 아기가 100미터를 9초에 뛴 것과 마찬가지로 충격적인 사실이다.

「육아비화」를 더 살펴보면 이런 에피소드가 나온다.

"어느 날 밤 11시쯤에 문을 두드리는 소리가 나서 밖에 나가 보니 어떤 남자가 서 있었다. 남자는 명함을 내밀었다. 그 명함을 웅용에게 보여 주니 '동아일보사 기자 이강식' 이라고 또박또박 읽었다. 기자는 할 말을 잃었다고 한다. 이 일이 1964년 3월 12일자 동아일보에 게재되었다. 웅용이 세계에 알려지는 계기가 된 에피소드이다."

만 1살짜리가, 아니 아기가 한자를 읽은 것이다.

이것은 아기가 100미터를 8초에 뛴 것과 같다. 만약 내가 이 말을 그대로 믿는다면 사람들이 나를 이상하게 생각할 것이다. 그 정도로 놀라운 일이 아닐 수 없다.

김웅용이 태어난 시대

이 시대의 배경을 대강 살펴보자.

김웅용이 태어난 1963년은 일본의 연호로 쇼와 38년이다. 도쿄 올림픽이 열리기 1년 전으로 고도 경제성장기의 한가운데 있었다.

이 해에 세계를 경악시킨 일이 있었으니 바로 미국의 제35대 대통령 존 F. 케네디가 텍사스주 달라스에서 유세 중에 암살당한 사건(11월 22일)이다. 그는 미국 대통령 중 네 번째의 암살 희생자(미수를 제외)였다.

미국이 베트남 전쟁(1963년에 시작됐다는 설과 1965년에 시작됐다는 설이 있음)을 시작한 것도 이 시기이다.

일본에서는 전후 최대의 유괴 사건이라고 일컬어진 '요시노부짱 사건'이 있었다(3월 31일). 매스미디어를 통해 범인의 목소리가 전국에 방송되었는데, 이것이 계기가 되어 사건 발생 2년 3개월 만에 범인을 체포할 수 있었다. TV와 전화의 급속한 보급에 의한 정보화 사회의 막이 열린 것이다.

아이들의 영웅, 아니 일본인의 영웅인 프로레슬러 역도산이 폭력단에게 습격을 당한 것도 이 해이다(12월 15일 사망).

거리에는 후나키 가즈오의 〈고교 3학년〉, 사카모토 큐의 〈눈을 들어 밤하늘의 별을 보렴〉, 미나미 하루오의 〈오륜의 노래〉, 아즈사 미치요의 〈안녕 아가야〉라는 곡들이 흐르고 있었다.

TV에서는 만화 〈우주 소년 아톰〉, 고샤 히데오 감독의 시대극 〈3인의 사무라이〉(이상 후지TV), NHK의 대하 드라마 〈꽃의 생애〉, 〈탈선 게임〉(일본TV), 〈루시 쇼〉(TBS) 등이 인기였다.

이 당시는 볼링이 유행했는데 사와야카 리츠코(본명 나카야마 리츠코)의 멋진 폼이 많은 남성들의 가슴을 설레게 했다.

그리고 아직 일본과 한국 사이에는 국교가 정상화되지 않았던 시기로 2년 뒤인 1965년 12월 18일 한일 기본 조약이 발효되어 양국의 국교가 정상화된다.

2년 후의 국교 정상화를 앞둔 시점에 김웅용은 태어났다. 김웅용 같은 천재야말로 한국을 선전하기에 좋은 도구라고 할 수 있다. 그 당시의 일본인 중에는 한국인에 대해 약간의 편견을 가지고 있는 사람도 있었다. 김웅용의 일본 데뷔는 '한국인이 일본인보다 뛰어나다'라는 인식을 심어주었을지도 모른다.

어떤 일본인이 이런 말을 했던 것이 아직도 생생하게 기억난다.

"김웅용과 승부할 수 있는 일본인은 지금 없다. 만약 찾아야 한다면 약 1000년 정도 거슬러 올라가야 한다. 그는 바로 열 사람의 말을 동시에 이해하는 능력을 가진 성덕태자이다."

3살 때 출판한 『별한테 물어 봐라』

김웅용이 3살이 되자 그 천재성이 더욱 빛을 발해 모국어는 물론 영어, 독일어를 자유자재로 구사하게 되었다. 이 정도라면 아이가 100미터를 7초에 달렸다고 하기보다는 하늘을 날았다는 비유가 적절할 것이다.

한국의 대형 출판사에서 『별한테 물어 봐라』(기문출판사)를 출판한 것도 3살 때의 일이다. 동서고금을 막론하고 이 나이에 책을 출판한 예는 없을 것이다.

잠시 김웅용의 뛰어난 천재성을 살펴보자.

『별한테 물어 봐라』의 내용은 「일기」「동시」「작문」「편지」 그리고 양친의 「육아비화」로 구성되어 있다. 예를 들면 「동시」 부분에 다음과 같은 동시가 실려 있다.

"크리스마스는 X자 교회 안은 +자, 크리스마스 날은 X자를 쓰고 사람들은 목에 +자를 건다. 그러므로 이 세상을 +(더하기)하지 말고 X(곱하기)해야 한다. 그러면 이 세상에 광명이 올 것이다."

왼쪽은 김웅용이 3세 때 출판한 『별한테 물어 봐라』의 일본어 번역판. 아래는 한국에서 출판된 자신의 책을 보고 있는 김웅용.

"지금은 우리나라는 분수 셈한다. 지금은 우리나라는 소수 셈한다. 그러나 분수와 소수는 합해서 한 개의 자연수가 됩니다. 남북 통일 만세."

김웅용의 저서는 한국에서 10만 부 이상 팔리며 베스트셀러가 되었다. 이윽고 이 슈퍼 스타의 평판이 일본에까지 전해져 앞서 말한 대로 TV에도 출연하게 된 것이다.

김웅용의 IQ(지능지수)에 관해 부친은 「육아비화」에서 다음과 같이 말하고 있다.

"웅용이 2살 때 받은 지능 검사에서 200이라는 놀라운 수치가 나왔다. 그리고 1969년 6월 12일에 행한 미국 전문가의 IQ 테스트 결과에 주위 사람들은 경악을 금치 못했다."

김웅용이 3살 8개월 때였다. 이 수치는 영국에 본부를 둔 기네스에 전해져 앞서 말한 대로 "김웅용의 경우에는 측정이 불가능하므로 그 결과 IQ 210으로 인정한다"라고 『기네스 북』에 표기하게 되었다.

역대 천재의 IQ 순위와 뇌의 무게

IQ란 미국 스탠퍼드 대학의 루이스 터먼(1877~1956) 교수가 고안한 개념으로 산출 방법은 정신 연령을 실제 연령으로 나눈 뒤 여기에 100을 곱한 것이다. 정신 연령이 실제 연령과 같은 경우는 IQ 100으로 이것이 평균적 지능이다. IQ 160 이상은 백만 명 중에 한 명밖에 나오지 않는 천재이다.

　IQ는 생활 환경에 의해 크게 좌우된다고 한다. 일반적으로 시골에 사는 사람의 IQ가 낮다는 설이 있어서 1932년에 다음과 같은 실험을 했다. 미국 워싱턴DC 남부의 블루릿지에 사는 아이들을 대상으로 지능 검사를 한 것이다. 그 결과 산기슭에 사는 아이들의 IQ는 76~118이었으나 산골에 사는 아이들의 IQ는 60~84였다고 한다.

　최근에는 지능지수가 반드시 지적 능력과 일치하는 것은 아니라는 견해가 유력하다. 왜냐하면 검사를 받는 사람의 연령이나 상황, 출제 문제의 경향 그리고 IQ 테스트를 접한 횟수에 따라 결과는 크게 달라지기 때문이다. 그래서인지 최근에는 IQ에 집착하는 풍조가 사라져 가고 있다.

　어디까지나 참고를 위해 역대 천재들 282명의 유년 시절의 지능지수를 조사한 콕스의 연구 결과(1926년) 일부를 소개하겠다. 지능 검사가 존재하지 않았던 시대에 생존한 천재들의 지능 정보는 전기 등에서 어렸을 때의 행적(예를 들면 3세 때 라틴어를 배웠다 등)을 살펴서 추정한 것이라고 한다.

이름	IQ
J. S. 밀	190
괴테	185

라이프니츠	185
파스칼	180
모짜르트	150
바이런	150
멘델스존	150
헤겔	150
디킨스	145
헨델	145
갈릴레오	145
미켈란젤로	145
바그너	135
베토벤	135
레오나르도 다 빈치	135
발자크	130
뉴턴	130

IQ 1위는 3세 때 그리스어를 배웠고 셰익스피어의 문학 작품을 암송했다고 하는 J. S. 밀이다. 밀은 영국의 철학자이자 경제학자로 『논리학 체계』, 『경제학 원리』, 『여성해방』 등의 저서가 있다. 학교는 다니지 않았고 엄격한 아버지 밑에서 공부했다고 한다.

2위는 독일의 작가 겸 시인, 철학자, 과학자인 괴테이다. 10살 무렵에 7개 국어로 작품을 썼으며 60년에 걸쳐 『파우스트』를 집필했다.

이 외에도 『젊은 베르테르의 슬픔』 등이 있다.

괴테는 교과서에 실릴 정도의 세계적인 문호이다. 여담이지만 괴테 나이 72세 때 19세 여성에게 당당하게 구혼했다고 한다. "아름다운 꽃이라면 나는 어떤 꽃이라도 꺾고 싶다"고 괴테 자신이 적고 있듯이 그의 창작의 원천은 여성이었다.

이 점에서 본다면 괴테는 천재 화가 피카소와 비슷하다.

예술가들은 일반적으로 이성과 사귀는 횟수가 많은데 피카소의 경우는 특히 더 심했다. 심지어 길에서 만난 17세 여성에게 한눈에 반해서는 그 자리에서 사랑을 호소하여 사귀게 된다. 내가 직접 본 것은 아니지만 그야말로 전광석화와 같은 빠른 솜씨였을 것이다. 당시 피카소는 45세였다. 약 30세 정도 차이가 나는, 아직 소녀의 모습이 남아 있는 상대에게 "우리 둘이서 훌륭한 뭔가를 만들어낼 수 있을 거요"라며 끈질기고도 정열적으로 다가갔다고 한다.

그 결과 피카소는 이 여인의 육체를 그림에 반영하여 예술 작품으로 완성시켰다. 보통 사람들은 아름다운 것을 보면 '아름답구나' 라는 생각만으로 끝나버리는데 피카소는 달랐다. 냄새를 맡고 만지고 조사한 후 다시 한번 손질한다. 호기심이 왕성하여 관심 있는 것에 대해서는 열정적으로 다가간다.

4위는 프랑스 수학자 겸 물리학자, 철학자, 사상가인 파스칼.

파스칼은 '파스칼의 원리'와 '파스칼의 삼각형'을 발견하였고 "인간은 생각하는 갈대다"라는 말로 유명하다.

천재라고 불린 사람들 중에서도 재능이 꽃 핀 시기가 늦은 대기 만

성형의 사람들이 있다. 프랑스의 작가 발자크가 그 중 한 명이다. 영국 작가 서머셋 모옴은 발자크를 "천재라고 부르기에 합당한 인물"이라고 했다. 발자크는 35세쯤에 『고리오 영감』으로 이름이 알려지기 시작했다. 이후 『골짜기의 백합』 『외제니 그랑데』를 집필한 것은 47세 때였다. 더욱이 프랑스의 정치 경제 사회적 영역 등을 다루어 프랑스의 사회사를 구성한 장대한 작품, 『인간희극』을 구상했으나 51세로 사망하여 중단되고 말았다.

『데카메론』을 집필한 이탈리아의 산문 작가 보카치오 역시 30세가 넘어서 재능이 빛을 발한 천재이다.

여기서 다시 뇌의 무게에 대해서 생각해 보자.

일반적으로 일본인 남자 뇌의 평균 무게는 1,400그램, 여자는 1,250그램이다. 유럽도 1,300~1,400그램이라고 하니 거의 비슷하다고 볼 수 있다. 참고로 침팬지는 450그램이다. 머리가 큰 사람, 즉 뇌의 무게가 무거운 사람이 머리가 좋다고 말해져 왔다.

예를 들면 독일 시인 실러는 1,785그램, 러시아 작가 투르게네프는 2,010그램, 영국 시인 바이런은 1,807그램, 독일 철학자 칸트는 1,600그램으로 평균보다 무겁다.

그러나 미국 시인 화이트만은 1,282그램, 프랑스 작가 아나톨 프랑스는 1,017그램밖에 무게가 나가지 않았다.

과학자 폴 브로카는 가벼운 뇌는 노인들이거나 체구가 작거나 혹은 보존 상태가 좋지 못한 경우라고 설명하고 있다.

두뇌 게임인 바둑의 세계에서는 일찍이 머리가 큰 아이를 전국에서 찾아내서 입문시켰다고 한다. 그 중의 한 명이 20대 초에 일본의 명인·홍인보(*바둑의 우승자에게 수여하는 칭호의 하나) 타이틀을 획득한 I기사이다. I기사는 기타니 미노루의 문하생으로 어린 시절에는 '양동이처럼' 머리가 컸다고 한다. 이 에피소드는 "머리가 큰 사람은 역시 머리가 좋다"라는 믿음에 더욱 신빙성을 주고 있다.

참고로 일본에서는 작가 나쓰메 소세키의 뇌의 무게는 1,425그램, 일본에서 최초로 노벨 물리학상을 수상한 유가와 히데키는 1,370그램, 천재 작가로 일컬어진 미시마 유키오는 남자 평균과 거의 같았다고 한다.

『바보의 벽』의 저자이자 의학박사인 요로 다케시 도쿄대 명예교수는 "뇌의 크고 작음은 머리의 좋고 나쁨과 관계가 없다. 뇌의 주름 역시 그렇다. 이것은 한정된 용량의 두개골에 많은 뇌가 들어 있기에 쭈글쭈글 주름이 생기는 것이다. 예를 들면 신문지를 작은 상자에 넣는 것과 같다고 보면 된다."고 단언했다.

천재가 되는 방법?

요즈음 화제를 모으고 있는 우뇌에 관해 생각해 보자.
아인슈타인은 76세에 사망했다. 이 때 그의 뇌를 조사했는데 좌뇌보다는 우뇌가 발달되어 있었고 더 컸다고 한다. 이것은 아인슈타인 뿐만 아니라 천재라고 불린 사람들에게 공통으로 나타나는 현상이라고 한다(『대뇌의 우위성(Cerebral Dominance)』 노만 게슈빈트, 갈라부르다 저).

이 현상이 의미하는 것은 무엇인가?

천재의 특징은 기억력이 아니라 영감과 창의성에 있다. 아무리 좌뇌를 연마해도 영감과 창의성이 개발되는 것은 아니다.

우뇌가 일반 사람들에게 알려지고 주목받게 된 것은 1980년 출간된 『우뇌 혁명』(블랙슬리 저)과 이듬해 캘리포니아 공학대학의 로저 스페리 교수가 우뇌 연구로 노벨상을 수상하면서이다.

그러자 "우뇌를 개발하면 누구나 천재가 될 가능성이 있다"라고 주장하는 학자도 나오기 시작했다. 예를 들면 교육학 박사 시치다 마코토 씨는 "명상, 호흡, 암시, 이미지 등 최면을 이용하여 우뇌를 개발하면 된다"고 주장한다.

물론 이 의견에 반대하는 사람도 있다.

우뇌를 개발해도 의미가 없다, 우뇌보다는 전두전야(*오감을 통해 들어온 정보를 처리해 의사결정을 내리는 부위)를 개발하라고 주장한 것은 의학박사 카와시마 류타 씨이다. 전두전야는 전두엽에 있는데 뇌의 사령탑이기도 하고, 영감 역시 여기서 떠오른다고 한다. 전두전야를 개발하는 가장 효과적인 방법은 바로 독서라고 한다.

또한 뇌에 전달되는 운동 정보는 발에서 25%, 손에서 25%인 것에 비해 턱에서는 무려 50%라고 한다. 그러므로 씹는 운동이 뇌에 좋다는 의견도 있다.

카나가와 치과 대학의 사이토 시게루 교수에 의하면 야요이 시대의 히미코는 한 끼당 3,990회 씹었다고 한다. 본 것도 아닌데 어떻게 알아냈는지 모르겠으나 도쿠가와 이에야스의 경우는 1,465회라고 한다. 이에 비해 현대인은 620회 정도로 급격히 감소했다고 한다. 밥 한 숟가락에 30회 정도 씹는 것이 이상적이며 적어도 20회는 씹어야 뇌에 좋다고 사이토 교수는 지적한다.

또, 뇌가 건강해지기 위해서는 아침을 든든히 먹어야 한다. 뇌의 에너지가 되는 것은 포도당이므로 아침은 밥이나 빵 등 포도당으로 변환되는 음식을 섭취하는 것이 좋다고 한다. 성인의 뇌가 하루 동안 필요한 포도당은 640킬로칼로리 즉 밥 세 공기 정도로 식후 30분이 지나야 뇌가 활발해진다고 한다.

"뇌에 가장 좋은 약은 걷기이다"라고 한 것은 고대 그리스 의사인 히포크라테스이다.

미국의 일리노이 대학의 아서 크레이머 박사팀이 걷는 것이 전두엽을 활성화시킨다는 사실을 입증했다. 미국의 알츠하이머 협회에서는 〈뇌를 지키는 10가지 방법〉을 제시했는데 그 중의 하나가 하루에 30분 이상 걷는 것이다.

일본에서의 마지막 TV 출연

여하튼 김웅용의 IQ 수치는 지금까지 역사상의 어느 천재들보다 훨씬 높은 수치이다.

김웅용의 부친은 1969년 아들을 위해 약 50만 달러의 예산으로 건국대학교에 천재아동교육연구소를 건립했다. 그리고 김웅용의 부모는 한양대학교에서 건국대학교로 자리를 옮겼다.

이 연구소에 웅용 외에 남동생 장용, 그리고 아직 1살밖에 되지 않은 여동생 예용도 입소했는데, 이 형제들 외에는 아무도 없었다. 그래서 건국대학교의 어떤 교수는 '부친의 사적 기관'으로 단정짓고 냉소적이었다고 한다.

김웅용이 다시 일본 TV에 출연한 것은 후지TV의 〈3시의 당신〉이다. 이 방송의 사회자인 여배우 쿠가 요시코는 한국에 건너가 김웅용을 인터뷰했다. 1971년 8월 23일, 김웅용이 8세 때이다.

아는 사람은 알겠지만 쿠가 요시코는 화족(*華族, 일본의 귀족계급으로 황족(皇族)과 사족(士族) 사이에 위치한 신분상의 칭호. 명치시대 초기에 시작되어 1947년 폐지됨) 출신이다. 아버지는 남작으로 귀족원의 의원이었다. 학습원 여자 중등과 재학 시절에 영화배우로 데뷔했다. 구로사와 아키라 감독의 〈술취한 천사〉, 고쇼 헤이노스케 감독의 〈만가〉에 출연했고 영화 〈다시 만날 때까지〉에서는 유리창을 사이에 두고 한 키스가 화제가 되었다. 당시는 키스 장면을 클로즈업해서 찍는 것이 터부시

되던 시기였다. 이 외에도 〈제로의 초점〉 등 많은 화제작에 출연한 기품 있는 여배우이다.

그녀는 김웅용과 인터뷰한 인상을 다음과 같이 말했다.

"저는 천재라고 해서 내성적인 아이를 상상했는데, 그렇지 않았어요. 질문에도 또박또박 대답해주었고요. '집안에서 공부만 하는데 놀고 싶지 않니?' 라고 묻자 '노는 것을 좋아해요' 라고 대답했어요. '어떤 놀이?' 라고 묻자 '시를 지으며 놀아요' 라고 말하고는 그 자리에서 바로 시를 써 주었어요. 내용은 잊어버렸지만 하여간 어려운 시였어요. 평범한 사람인 저에게는 난해한 시였지요."

당시 김웅용의 집은 서울시 성동구 외곽에 있는 방 3개의 단층집이었다. 집은 오래되어 비와 먼지 등으로 지저분했고 마당 한쪽켠에는 항아리가 서너 개 놓여 있었다. 마당이 내다보이는 넓은 방이 김웅용의 공부방이었다.

앉은뱅이 책상 위에는 책이 잘 정리돼 있었다. 그 중에는 가죽 표지의 책도 몇 권 있었다. 독일어 책이었는데 프로그램 스탭이 봐도 내용이 너무 어려워 이해할 수 없었다고 한다.

김웅용은 〈3시의 당신〉이라는 프로그램을 마지막으로 일본 매스컴에서 사라졌다.

유아교육자들은 이후의 김웅용의 소식을 추적했다. 그는 2000년에 한 명 나올까 말까 한 천재이기 때문에 유아교육자들에게 있어서 무엇보다 좋은 연구 대상이었다. 예를 들면 세계의 천재 아동들을 연구하고 있는 세이와 대학의 구로다 교수나 PL여자단기대학의 기무라 교수도 김웅용의 추적조사를 시도했지만 소식을 알 수 없어서 단념했다.

이윽고 김웅용은 사람들 사이에서 차츰 잊혀져 갔다.

대한항공 2712편이 이륙한 지 약 30분 정도가 흘렀다. 승객은 120여 명 정도이고 객실 승무원은 10명 정도였는데 베이지색의 슈트에 목에는 스카프를 두르고 머리에는 잠자리 모양의 리본을 하고 있다. 스물한두 살쯤 되어 보이는 승무원이 승객의 아기를 안고 어르고 있다. 김웅용은 지금 48세니까 저 승무원과 같은 나이의 자식이 있어도 이상할 게 없다는 등 이런 저런 생각을 해보았다.

고도는 1만 2,192미터. 시속 659킬로미터라고 앞에 있는 모니터는 표시하고 있다.

객실 승무원이 승객들에게 기내식을 나눠 주기 시작했다. 방울토마토와 옥수수, 참치, 콩이 들어간 샐러드, 피클, 치킨과 밥이었다. 옆에 앉아 있는 외국인 여성은 금세 전부 먹어버렸다.

나도 호일을 벗기고 치킨을 꺼내 입 안으로 밀어 넣었다.

비행기의 작은 창으로 들어오는 햇빛이 눈이 부셔 반쯤 셔터를 내렸다. 그리고 이십수 년 전의 일을 생각했다.

제2장

1983년 가을, 김웅용 21세

『기네스 북』에서 김웅용의 이름이 사라졌다

지금으로부터 28년 전의 어느 날, 심심풀이로 1983년도판 『기네스 북』을 뒤적거리다가 IQ 항목에 다른 사람 이름이 최고의 기록으로 실려 있는 것을 발견했다. 오스트레일리아 퀸지랜드주의 크리스토퍼 필립 하딩과 남아프리카 케이프타운의 옌센. 두 사람 모두 IQ 197이었다.

IQ 210이라는 인류 역사상 최고의 IQ를 보유한 김웅용의 이름이 사라진 것이다.

지난 『기네스 북』을 살펴보니 1981년도부터 김웅용의 이름이 삭제되어 있었다. 왜 삭제되었는지는 적혀 있지 않았다.

나는 김웅용을 섭외했던 오오노 마사토시 프로듀서를 찾아갔다. 후지TV에서 자리를 옮겨 '후지 음악 출판'의 대표로 일하고 있었다. 웃을 때 턱을 조금 내미는 버릇과 미소를 띤 온화한 표정은 예나 지금이나 다를 것이 없었다. 『기네스 북』에서 김웅용의 이름이 사라진 것과 그에 대한 이야기를 꺼내자,

"전혀 몰랐습니다. 벌써 스물한 살이 되었나요? 뭘 하고 있을까요, 건강하게 잘 지내고 있을까요?"

라며 웃음을 거두고 조금 걱정스러운 표정을 지었다.

"제가 한 번 김웅용 군에 대해 알아보겠습니다"라고 하자, 오오노 씨는 "그럼, 부탁해요"라며 나를 응원해 주었다.

왜 김웅용이 『기네스 북』에서 사라졌을까? IQ 210이라는 기록이 깨진 것은 아닌데 왜일까?

나는 이유를 알기 위해 런던 기네스 본부에 팩스를 보냈다.

그리고 김웅용의 정보를 얻기 위해 도쿄 미나토구에 있는 대한민국 대사관을 찾아갔다. 나를 맞아 준 것은 온화한 분위기에 안경을 쓴 정일효 공무관이었다.

"김웅용? 누군가요? 한국의 신동? 잘 모르겠습니다."

전혀 모르는 듯하여 조금 구체적으로 설명을 하자 무덤덤한 답변이 돌아왔다.

"그러고 보니 그런 소년이 있었던 것 같습니다. 꽤 평판이 자자했었지요. 벌써 스물한 살이 됐나요? 지금 어디서 무엇을 하고 있는지 모릅니다. 정부가 개인의 생활을 간섭할 수는 없으니까요."

"한국의 아인슈타인" "한국의 보물"이라고 불리던 김웅용이 어디서 무엇을 하고 있는지 한국에서도 전혀 모른다는 것은 이상한 일이 아닐 수 없다.

얼마 지나지 않아 런던의 기네스 본부로부터, 모이라 F. 스토어 부편집장 서명의 편지가 도착했다. 내용은 "그의 이름을 삭제했다"라고만 되어 있을 뿐 이유에 대해서는 언급이 없었다.

김웅용을 찾는 여행, 제1탄

김웅용의 8세부터 21세까지의 공백기간 13년에 대해서 일본에서는 아무런 정보를 얻지 못한 채 결국 한국에 갈 것을 결심했다.

1983년 9월 20일 회사에 유급 휴가를 내고 한국을 향해 출발했다.

김웅용의 부친을 만나기 위해 가장 먼저 건국대학교를 방문했다. 부친을 만나 김웅용의 근황을 묻고자 했던 것이다.

서울특별시 중심가에서 동쪽으로 약 10킬로미터쯤 떨어진 곳에 위치해 있었는데 근처에 어린이대공원이 있었다. 건국대학교는 녹음이 우거지고 조용한 곳이었다. 커다란 돌로 만든 문을 지나자 왼쪽으로 학교 건물이 보였다. 예전에 이 대학에 김웅용을 위한 천재아동교육연구소가 있었는데 지금도 남아 있을까라는 생각을 하며 교무과로 향했다.

김웅용의 부친은 이 대학의 물리학과장이 되어 있었으나 유감스럽게도 자리에 없었다.

할 수 없이 교육학과장인 김준규 교수에게 물어 보았다.

"이미 10년도 전에 그 조직(천재아동교육연구소)은 자연 소멸되었습니다. 이유는 모르겠습니다. 그(김웅용)가 지금 어디서 무엇을 하고 있는지 모릅니다."

"김웅용에 대해 그의 부친에게 물어본 적이 있습니까?"

"김웅용에 대해 물어본다고요? 말도 안 되는 소리입니다. 왠지 안되어 보여서…… 빅 미스테리입니다."

"안되어 보여서" "빅 미스테리"란 무슨 의미인가? 질문을 더 해보았지만 입을 조개처럼 다물고 더 이상 대답하지 않았다.

김웅용에게 무슨 일이 일어난 것만은 확실하다. 무슨 일이 일어난 것일까?

다음에 방문한 곳은 김웅용의 책을 출판했던 기문출판사였다.

이명기 사장과 최상덕 주간에게 출판하기까지의 경위를 듣기 위해서였다.

그러나 막상 찾아가 보니 이 사장은 1년 전 54세의 젊은 나이에 병으로 죽고, 최 주간은 수년 전에 퇴사하여 성균관대학으로 적을 옮겼다고 했다. 그래서 성균관대학에 전화해보니 최상덕 씨는 이미 퇴사한 상태였다. 많은 시간이 흘렀음이 여실히 느껴졌다.

김웅용을 처음으로 매스컴에 등장시킨 것은 앞에서 언급한 대로 동아일보의 이강식 기자다. 이 기자가 김웅용을 취재한 것이 한 살 때니까 벌써 20년이 흐른 것이다. 동아일보사에 연락해 보니 이 기자는 퇴사한 상태였으나 곧 소식을 알 수 있었다. 그는 정부의 공보부 문화홍보 조사실장이 되어 있었다. 그에게 연락을 해서 한 말씀 부탁 드린다고 하니 "오랫동안 김웅용과 접촉한 적이 없기 때문에 근황은 알지 못한다"라고 비서를 통해 답변했다.

이후 몇 곳의 신문사에 연락해 보았지만 모두들 '김웅용의 근황은 모른다'리는 대답뿐이었다.

김웅용의 13년간의 공백기를 메우는 작업은 꽤나 힘든 일이었다. 통역을 동행하고 있었으나 언어의 장벽이 느껴졌다. 그리고 무엇보다 국민성의 차이가 느껴졌다.

"아들 얘기는 지금 하고 싶지 않다"

어쨌거나 2000년에 한 명 나올까 말까 한 천재 또는 기적의 소년이라고 불리며 온 세상을 떠들썩하게 했던 김웅용이 지금 어디서 무엇을 하고 있는지 한국의 매스컴이 관심도 없고 전혀 모른다는 것은 참으로 이상한 일이었다.

조사를 더 해본 결과 부친이 취재를 거부하고 있다는 사실을 알게 되었다.

당시 확실한 정보가 없었기 때문에 오히려 김웅용에 대한 여러 소문이 어지럽게 나돌고 있었다. 미국의 대학원에서 공부하고 있다. 집에서 감금 생활을 하고 있다. 정신병원에 입원 중이다. 심지어 죽은 것은 아닐까? 하는 소문조차 나돌고 있었다.

한국에 있는 대부분의 미디어가 김웅용의 취재를 단념한 가운데 김웅용을 집요하게 추적하고 있는 기자가 있다는 것을 알게 되었다. 서울신문사 주간국 차장 박안직 기자다. 주간 《선데이 서울》 기자 경력 13년의 베테랑 기자이다.

바로 통역을 동행하고 박 기자와 만났다.

박 기자는 《선데이 서울》지에 「천재 김웅용의 그 이후」라는 연재 기사를 기획하여 김웅용의 부친에게 취재를 요청했다고 한다.

1979년 2월 김웅용이 15살 때이다.

"김웅용 군은 지금 어떻게 지내고 있습니까라고 질문하니 부친의 얼굴에서 핏기가 가셨습니다. 그리고 당황해하더니 중얼거리듯 '아들 얘기는 지금 하고 싶지 않다' 라고 말했습니다."

박 기자가 끈질기게 추궁하자, 부친은 '아들은 미국에서 공부하고 있다' 고 대답했다고 한다.

"미국 어디입니까?"

"아니 미국이 아니라 영국이다. 영국의 천재교육 특별학교에서 남동생 장용과 함께 공부하고 있다. 남동생이 웅용보다 IQ가 높다. 여동생 예용도 천재다."

"영국에 있는 특별학교의 이름은 무엇입니까?"

"이름은 가르쳐 줄 수가 없다. 영국인 가정에서 생활하고 있다."

이런 질문과 대답이 반복됐다고 한다.

"웅용에 관한 것들을 질문하면 할수록 점점 알 수 없게 됐습니다. 마치 안개 속을 걷고 있는 기분이었습니다."

라고 작은 체구의 박 기자가 술회했다.

부친의 당황한 모습은 과연 무엇을 의미하는 것인가?

박 기자의 머리 속에 스치는 생각은 '김웅용은 더 이상 천재가 아니다' 라는 것이었다. 그럼에도 박기자는 김웅용의 실태를 파악하기 위해 부친에게 계속적으로 접촉을 시도했다. 접촉을 시도한 지 두 달쯤 됐을 때 부친은 겨우 무거운 입을 열었다.

"천재 아이를 둔 부모는 괴롭다. 늘 세간의 주목을 받아야 한다. 나와 아내는 밤낮으로 웅용을 걱정하고 있다. 웅용은 지금 소립자 이론을 연구하고 있다. 가까운 시일 안에 세상을 깜짝 놀라게 할 발표가 있을 것이라 확신한다. 그렇게 되면 독점적으로 취재하게 할 테니 지금은 웅용의 취재를 단념해 주기 바란다."

김웅용의 부친은 박 기자에게 이렇게 호소해서 결국 취재는 중지되었다.

그러나 곧 세상을 깜짝 놀라게 한 일이 일어났다.

그것은 웅용의 부친이 말한 것과는 전혀 다른 것이었다.

김웅용이 다시 한 번 세상을 떠들썩하게 한 이유

1980년도 한국 대입 체력검사가 실시되었다. 서울 시내의 영훈고등학교에서 체력검사를 치른 수험자는 300명. 이 중에 김웅용이 있었던 것이다. 어머니 유명현과 함께 수험장에 나타난 김웅용이 세상에 모습을 드러낸 건 10년 만이었다.

신장 165센티미터. 체중 55킬로그램. 스포츠형 머리에 상하 흰 체육복 차림이었다. 왼쪽 가슴에는 사진이 붙은 이름표를 달고 있었다.

얼굴은 창백하고 핼쑥한 모습이었다.

체력 검사는 100미터 달리기, 턱걸이, 공던지기 등 5과목이었다. 김웅용의 100미터 달리기 기록은 15초 8이었다. 공던지기는 45미터. 턱걸이는 겨우 2회. 그 결과 김웅용은 100점 만점에 31점을 받았다.

"신동" 김웅용이 하위로 대입 검정에 합격했다는 것을 전하는 신문 기사(1979년 9월 12일 《동아일보》)

체력 검사를 마친 후 김웅용은 모친과 함께 건국대학교에 있는 부친의 연구소로 직행했다.

"웅용이 울면서 내 방에 들어왔길래 이유를 물어보니 100미터 달리기를 할 때 기자가 플래시를 터뜨려서 실력을 발휘할 수 없었고, 턱걸이를 할 때도 플래시 세례를 받아 철봉에서 떨어졌다고 한다."

나중에 부친은 동아일보 유근주 기자에게 이렇게 말했다.

김웅용은 1977년도 고등학교 자격 검정고시에 합격하고, 그 2년 뒤에 대학입학 검정시험에도 응시한 것이다. 그 때의 성적은 다음과 같다.(한 과목당 100점 만점)

국어: 60점, 영어: 60점, 사회: 60점, 지학: 62.5점
음악: 64점, 미술: 92점, 상업: 48점, 체육: 80점
김웅용의 평균점은 65점이었다.

그 결과 합격자 2,763명 중 2,420등이었다.
하위로 겨우 합격한 것이다.
이 결과를 보고 한국의 매스컴은 일제히 '김웅용은 천재소년에서 평범한 소년이 되었다' 고 보도했다. 이와 동시에 부모의 교육방법이 잘못됐다고 지적한 학자도 코멘트를 남겼다.
이화여자대학교의 이상금 교수는 김웅용이 3세 9개월 때, 서울시 중앙교육연구소에서 지능검사를 할 당시에 입회했던 사람었는데, 다음과 같이 말했다.

"검사 중간에 웅용 군이 옆에 있던 재떨이에 손을 뻗치려 했습니다. 그러자 양친이 엄격하게 주의를 주었습니다. 그는 보통 아이들처럼 놀고 싶었던 것입니다. 그러나 부모는 허락하지 않았습니다. 천재라고는 하지만 보통 아이들처럼 인생을 즐길 권리가 있습니다. 이러한 권리를 빼앗고는 그저 집안에만 있게 했습니다. 저는 여러 번 양친에게 충고했습니다만 들으려 하지 않았습니다. 만약 웅용 군이 잘못된다면 이것은 분명 부모의 책임입니다. 웅용 군의 저서(『별한테 물어 봐라』)에서 웅용 군은 장래에 대통령이 되고 싶다, 과학자가 되고 싶다고 하고 있습니다. 장래에 대통령이나 과학자가 되는 것보다 중요한 것은 우선 인간으로서 집 밖으로 나오는 것입니다. 저는 웅용 군을 집으로부터 해방시켜 주고 싶었습니다."

이 교수는 김웅용의 성장과정을 추적하려 하였으나 양친이 허락하지 않았다고 한다.

조기 교육의 공적과 허상

김웅용처럼 조숙한 천재라고 불리는 사람들이 가끔 매스컴에 등장한다.

앞에서 언급한 J. S. 밀이나 괴테뿐 아니라 예를 들면 미국의 W. J. 시디스는 여섯 살이 되던 해 봄 초등학교에 입학했다. 그날 아침 9시에는 1학년이었으나 정오에 엄마가 데리러 가보니 3학년으로 월반해 있었다. 그리하여 그 해에 초등학교를 졸업하였으나 나이가 적다는 이유로 7세 때 중학교 입학이 허락되지 않아 집에서 공부했다. 11세 때 하버드 대학에 입학하여 15세 때 졸업했다.

또 로버트 위너라는 소년은 시디스보다 빠른 10세 때 터프츠 대학에 입학하여 14세 때 졸업하고 18세 때 하버드 대학원에서 철학박사가 되었다.

독일의 법학자 위트는 8~9세 때 독일어, 프랑스어, 이탈리아어, 라틴어, 영어, 그리스어 등 6개 국어를 자유자재로 구사할 수 있었고 물리학, 화학, 수학에서도 발군의 실력을 보여 9세 때 라이프니치 대학 입학시험에 합격했다. 14세 때 철학 박사, 16세 때 법학 박사, 이후 베를린 대학 교수가 되었던 것이다.

시디스, 위너, 위트와 김웅용의 공통점은 이들 모두 아버지가 대학 교수라는 점이다. 이 조숙한 천재들은 대부분이 아버지에 의해 조기 교육을 받았던 것이다.

한편 예전에도 조기 교육에 반대하는 교육학자들이 있었는데, J. S. 밀과 괴테, 위트의 아버지는 당시 조기 교육 반대론자들에게 비난을 받았다.

그럼 왜 조기 교육에 반대하는 것일까?

왜냐하면 지식을 억지로 강요하는 것이 아이들의 건강에 악영향을 미친다고 생각하기 때문이다. 『조기 교육과 뇌』의 저자인 도쿄의과대학 고니시 유쿠오 교수에 의하면,

"조기 교육은 장래에 대한 투자이기 때문에 투자에 합당한 효과가 나타나지 않을 경우 부모의 자식에 대한 기대가 실망과 분노로 바뀔 가능성이 있다. 그 결과 자식을 다그치게 되고 아이는 심신이 피폐해져 등교 거부를 하게 될 수도 있다."
라고 한다. 그럼 일본에서 너무 이른 시기에 조기 교육을 체험한 아이가 성인이 된 경우를 소개하겠다. 그를 A씨라고 하자.

열렬한 조기교육론자인 A씨의 모친은 생후 1개월 때부터 A씨에게 책을 읽어주기 시작했다. 1세 때쯤부터 집안 이곳 저곳에 한자 카드를 붙여놓고 한자 교육을 시켰다. 예를 들면 시계에는 '時計', 창에는 '窓'이라고 써 붙여 놓고 외우게 한 것이다. 이렇게 교육시킨 보람이 있어서 A씨는 4세 때 방정식을 풀어 주위 사람들을 놀라게 했다.

조기 교육에 한층 박차를 가하여 A씨는 초등학교 입학 전에 미적분을 마스터했다고 한다. 초등학교 1학년 때는 국어도 수학도 고등학교 3학년 실력을 갖췄고 대학 입시 시험문제도 척척 풀었다고 한다. 이것을 본 어른들은 벌린 입을 다물 줄 몰랐다. 그야말로 엄마의 노력이 결실을 맺어 주위 사람들이 모두 부러워하는 천재 소녀가 된 것이다.

A씨의 초등학교 2학년 때의 작문에 이런 글이 있다.

"조금이라도 인류에게 도움이 되고 싶다. 더욱더 열심히 공부해야겠다."

누구나 A씨의 장래는 예측하기 어려울 정도의 가능성으로 가득 차 있다고 생각했다.

그러나 그녀에게 누구도 예상치 못한 일이 일어났다.

중학교 2학년 때부터 동급생들과 잘 소통하지 못하더니 결국은 등교 거부를 한 것이다. 게다가 가정에서 폭력마저 휘두르게 되었다. 이른바 '무기력증후군'에 빠진 것이다.

'모든 힘을 소진' 한 끝에 '은둔형 외톨이' 가 되어 결국 대학 진학도 포기했다.

A씨가 천재라고 불렸던 시절을 아는 어느 교육관계자는 이렇게 술회했다.

"초등학교 2학년 때의 작문을 읽고 왠지 위험하다는 생각이 들었습니다. 더욱더 열심히 공부해야 한다며 자신을 바싹 몰아가는 모습에 A가 강박관념에 휩싸여 있다고 느꼈기 때문입니다."

"초등학교 2, 3학년 때까지는 1등이었습니다. 중학생이 된 지금은 거의 최하위. 초등학교에 입학하기 전에 그렇게 열심히 외웠던 시나 시조를 하나도 기억하지 못하고 있습니다."

"중학교에 입학했을 때쯤부터 억지로 공부하게 한 것에 반발하여 지금은 엄마에게 폭력을 행사하기도 합니다. 어렸을 때의 조기 교육은 전혀 불필요한 것이었습니다. 아니 오히려 아이의 뇌를 망가뜨려 버린 것이 아닌가 하는 생각이 듭니다."

부친은 이렇게 말했다.

극단적인 예일지도 모르겠으나 싫다는 아이에게 억지로 공부시키는 것은 좋지 못하다. 싫다는 아이를 혼내가며 무리해서 가르친다면 어린아이가 받는 스트레스는 매우 클 것이다.

천재 교육—내 주변 사람들의 예

개인적인 이야기를 하겠다.

내 조카가 중학교 3학년 때 고등학교 진학을 둘러싸고 담임 선생님과 의견이 대립되었다.

조카는 공립 R고등학교에 응시하고 싶다고 했으나 담임 선생님은 그것은 무리니까 J고등학교를 응시하라고 했다. 결국 조카는 자신이 생각한 R고등학교에 떨어져도 어쩔 수 없다는 심정으로 도전했다.

그 결과 합격자 약 400명 중 거의 꼴찌로 간신히 합격했다. 수업을 못 따라가는 것은 아닐지 주위 사람들 모두 걱정했으나 본인은 떨어져도 어쩔 수 없다는 마음으로 이 학교에 지원했기 때문에 공부 역시 못 따라가도 어쩔 수 없다는 마음으로 최선을 다하겠다고 시원시원하게 말했다. 원래 꼴찌라 더 이상 내려갈 곳이 없다는 생각에 오히려 마음이 편했을지도 모른다.

고등학교 2학년이 되자 중학생 때의 수재들은 성적이 떨어져 가는 중에 조카는 성적이 올랐고 성적이 오르자 공부가 재미있게 느껴지기 시작했다. 3학년 여름방학 때에는 국립 치바 대학교에 입학이 가능할 정도로 성적이 올랐고 더욱 공부에 전념하게 되었다.

조카의 동급생 중에 S라고 하는 엄청난 녀석이 있었다.

중학생 때 선생님들은 그를 천재라 부르며 도쿄대는 이미 따놓은 당상이라고들 했다.

그는 하고 다니는 것도 평범한 아이들과는 다르게 여자처럼 머리를 등까지 길게 기르고 다녔고, 수업 중에는 선생님의 말은 거의 듣지 않고 늘 만화책만 보고 있었다.

여하튼 S가 공부하는 모습은 본 적이 없는데도 시험만 봤다 하면 만점이라니 속된 말로 재수없는 녀석이었다.

3학년이 되자 조카는 S를 따라붙더니 그에게 이겨 보겠다며 하루에 8시간씩 집중해서 공부했다. 그리고 2학기가 되자 조카는 S를 제치고 전교 1등이 되었다.

졸업 직후 조카는 이렇게 말했다.

"꼴찌로 입학해서 수석으로 졸업하는 것은 정말로 기분이 좋은 일이다."

조카는 S와 함께 도쿄대 이학부에 합격했다. 전문과정으로 이학부 물리학과를 선택했고 졸업 후 대학원 석사과정을 거쳐 지금은 특허청에 근무하고 있다.

왜 특허청을 선택했느냐고 물어보니 "아인슈타인도 특허청에 근무했으니까"라고 웃으며 대답했다.

참고로 중학교 때 천재라고 불리던 S는 현재 무엇을 하고 있는지 확실치 않다. 인터넷에서 이름을 검색해도 아무런 정보가 나오지 않기 때문이다. 사회의 드러나는 부분에서 활약하고 있지 않다고 말할 수 있겠다.

S처럼 그다지 공부를 하지 않는데 뛰어나게 성적이 좋은 경우의 이

야기를 가끔 듣는다. 그러나 이들은 분명 수재일지는 몰라도 천재는 아니다. S의 중학교 때 선생님들은 별로 깊이 생각하지 않고 '천재'라는 말을 가볍게 사용했을 것이다. 선생님들이 사용한 천재라는 말은 예를 들면 3살 때 알파벳을 암기했다며 '우리 애는 천재'라고 엄마가 말하는 것과 같은 느낌일 것이다.

조카의 모친이 옛날을 생각하며 이런 말을 했다.

"초등학교, 중학교 시절 전력 질주한 수재들은 숨이 찼던 것 같다. 이런 면에서 우리 애는 아직 여력이 남아 있었다고 생각한다."

조카는 초등학생 때 학교 공부를 그다지 하지 않았다. 당연히 학원도 다니지 않았다. 게임을 많이 했는데 요즘 같은 컴퓨터 게임이 아니라 바둑, 장기, 오목같이 두뇌를 사용하는 게임을 했다. 김웅용도 후지TV에 출연했을 때쯤, 즉 네다섯 살 때 바둑을 두었다. 커다란 바둑판을 앞에 두고 심사숙고하고 있는 김웅용의 모습을 찍은 사진이 잡지에 게재되기도 했다.

김웅용이 네다섯 살 때 바둑을 두는 모습.
일본 잡지에 실렸던 당시의 사진.

조카는 결과적으로 두뇌 운동을 하고 있었기 때문에 뇌가 연마되었던 것일지도 모른다. 그는 두뇌 게임 외에 책을 자주 읽었다. 예를 들면 『걸리버 여행기』라든가 『보물섬』, 미야자와 겐지의 『은하철도의 밤』 등 흥미가 있는 책을 즐겨 읽었던 것이다.

조카 모친의 말을 더 들어보자.

"꼴찌로 고등학교에 입학해서 수석으로 졸업한 우리 애를 생각해 볼 때, 능력 있는 아이로 키우기 위해서는 다음의 세 가지 요소가 필요하다. 첫 번째는 좋은 부부 관계, 두 번째는 두뇌를 개발시키는 게임, 세 번째는 독서이다."

부부 사이가 좋지 않아 이혼 등으로 어수선한 가정의 아이들은 집중해서 공부하기 어렵다. 가정이 원만한지 그렇지 않은지가 아이들의 뇌에 영향을 미치는 것은 사실일지도 모른다.

후지TV에서 일하는 K씨를 소개하겠다. K씨는 도쿄대 문학부 출신으로 초·중학생 탤런트들의 공부를 봐주는 일을 했는데 그의 실력은 방송국 안에서 가장 뛰어났다. 상냥하고 온화한 성품이 어린 탤런트들에게 인기가 있었다. 예를 들면 기무라 타쿠야의 아내로 유명한 구도 시즈카, 지금 여배우로 활약 중인 나카마 유키에 등의 공부를 봐준 것이다.

공부 잘 봐주기로 평판이 나자 상사 중 한 명이 '우리 애 공부도 좀 봐주지 않겠느냐'고 부탁을 해서 K씨는 승낙을 했다. 그런데 K씨가 봐 줬음에도 불구하고 성적이 좋지 않았다. 결국 도쿄에서도 상당히 하위의 A고등학교에 응시했으나 실패했다.

"그 가정은 당시 이혼 문제로 복잡했습니다. 그래서 공부 따위는 아이의 머리에 들어오지 않았을 것입니다. 제가 공부를 봐 준 아이 중에서 유일하게 실패한 경우입니다."

이렇게 말하며 K씨는 쓴웃음을 지었다.

그건 그렇고 머리를 좋아지게 하기 위해서는 아침밥을 꼭 먹어야 한다고 조카의 모친은 말한다. 지금 시대는 아침밥을 하지 않는 엄마들이 적지 않기 때문에 이것은 중요한 문제이다.

이 외에도 축구나 야구 등 운동을 하고 있는 아이는 육체 발달과 함께 뇌 발달도 상승되는 듯하다.

조기 교육으로 잘되는 아이도 있지만 잘못되는 아이도 있다. 가장 중요한 것은 그 아이에게 맞는 교육을 보호자가 잘 판단하는 것이다.

다들 기질과 성격이 다르므로 다른 사람이 성공한 방법을 따라 한다고 해서 성공하는 것은 아니다.

"우리 애는 '머리는 좋은데' 공부를 안 해서 속상하다"는 말을 종종 듣는다. 어느 부모의 눈에든 자신의 아이는 천재로 보이는 모양이다. 자신의 아이를 가급적 객관적이고 냉철하게 관찰하는 것이 무엇보다 중요하다.

한편 조기 교육 반대를 주장하는 사람들은 한결같이 아이의 건강을 문제로 삼고 있는데 교육학자 기무라 규이치 씨는 조기 교육을 실천했던 천재들을 예로 들며 반론한다.

괴테는 향년 83세, J. S. 밀은 향년 67세, 위트는 향년 83세를 누렸으며, 시디스와 위너는 지금도 건강하게 활동하고 있다.

향년 67세로 별세한 밀은 지금 시대에서는 장수했다고 할 수 없으나 지금으로부터 약 200년 전인 것을 감안한다면 결코 단명한 것은 아니다.

조기교육이라고 하면 악기나 미술 등을 일찍부터 배우는 것을 생각한다. 예를 들면 피아노는 5세, 바이올린은 3세부터 시작하지 않으면 결코 일류가 될 수 없다고 한다. 바둑이나 장기 역시 마찬가지다. 스무 살이 넘어서 필사적으로 바둑 공부를 한다고 해도 절대 프로 바둑기사에게 이길 수 없다.

천재의 길을 걷게 하겠다

몰락한 천재라는 꼬리표가 달린 김웅용의 부친은 동아일보 기자를 불러서 김웅용의 대학입학 검정고시의 성적 결과에 대해 이렇게 말했다.

"시험 성적만 보고 천재인지 아닌지를 판단하는 것은 경솔한 판단이다. 천재인 아인슈타인도 대학입시에 실패했다."

"아들은 시험 준비를 전혀 하지 않은 상태에서 검정시험을 보았다. 백지 상태에서 자신의 실력을 시험해 보고 싶다고 했다. 그래서 일부러 그 애가 자신 있는 과목인 수학과 물리를 빼고 상업과 지학을 선택한 것이다."

김웅용의 부친은 동아일보의 유 기자에게 계속해서 말했다.

"천재는 매스컴을 타게 된 이상 그 천재성을 오래 지속할 수 없다. 그 엄청난 시간적 정신적 소모를 이기고 천재성을 유지하는 것은 너무도 힘든 일이기 때문이다. 아들은 어렸을 때부터 시달려 왔다. 우유 먹는 사진을 한 장 찍어 광고 모델로 쓰고 싶다는 둥, 아들의 손바닥 발바닥 사진을 찍어 천재의 손금 발금을 널리 알리고 싶다는 둥, 주문도 갖가지였다. 아이 교육에 도움이 되는 얘기는 하나도 없어 모두 거절했다. 어느 날 미국《타임》지의 기자들이 집에 찾아와서 웅용을 잡지에 소개하고 싶다고 했다. 그들은 아들을 여기 저기 데리고 다니며 사진을 찍었다. 그러나 기자의 걸음을 아이가 미처 따라가지 못해 넘어져 눈 밑에 상처가 났다. 부모로서 아들의 사진이 미국 잡지에 실리는 것은 고마운 일이다. 그러나 한편으로 너무 괴롭다. 아이를 이용해서 돈벌이에 나섰다는 중상 모략까지 떠도는데, 천재 아들을 둔 부모의 괴로움을 누가 알겠는가."

계속해서 부친은 말했다.

"일본 TV 출연 후 나는 웅용을 데리고 미국 콜로라도 대학에 갔다. 그러나 그 대학에도 천재 교육을 위한 기관은 없었다. 한국에는 월반 제도가 없다. 아들에게 맞는 학교가 없는 것이다. 어떤 의미에서 보면 아들은 법률의 희생자인 셈이다. 결국 아들은 집에서 공부하게 되었다. 그렇다고 해도 집에서 공부만 파고든 것은 아니다. 일 주일에 한 번은 바깥세상으로 견학을 보냈다. 스케이트, 자전거, 등산 등 운동에서부터 시장 같은 데 나가 세상사와 접할 기회도 갖도록 유도했다. 일가끼리의 길흉사에 참석시키는 한편, 가명으로 친구들과 어울려 지내게 했다. 세상과 접할 기회를 주면서 교육했다."

"교육학자들은 인간을 자연 상태로 키우는 것이 최상의 교육법이라고 주장하지만 아들의 경우에는 통하지 않는 이야기이다. 천재에게는 천재의 교육법이 있기 때문이다. 대학 강단에 서본 경험에서 말하자면 아들은 일반 대학생보다 머리 회전이 훨씬 빠르다. 서울대학교에 합격하면 서독에 유학을 보낼 예정이다. 아들은 '핵물리학'이라는 연구 테마를 가지고 있는데 몇 년 안에 세계를 깜짝 놀라게 할 연구 발표가 있으리라고 확신한다. 부모 된 마음으로 '평범한 행복'에서 멀어진 자식이 안됐다는 생각도 든다. 그러나 천재의 길을 가기 위해서는 어쩔 수 없는 일이다. 앞으로 아들이 천재의 길을 걷는 데 미력한 힘이나마 최선을 다해 도울 것이다."

부친은 자신의 아들이 천재라고 굳게 믿고 있는 듯하다. 웅용의 장래에 관해 서울대학교에 합격시키겠다느니 '천재의 길'을 가기 위해서는 '평범한 행복'에서 멀어지는 것은 어쩔 수 없다느니 하는 말을 하고 있지만 여기에는 웅용의 의견이 전혀 반영된 것 같지 않다.

게다가 김웅용이 '핵물리학 연구 테마'를 갖고 있다고 했는데 이것도 물리학자인 아버지의 의견이 아닌가 하는 의문이 드는 것이 사실이다. 나중에 말하겠지만 김웅용은 성장하여 전공을 물리학에서 토목공학으로 바꿨다.

김웅용의 부친의 말에서 '부모의 교만' '부모의 이기심'을 느낀 것은 나뿐만이 아닐 것이다.

나도 부모이다. 부모의 역할이라면 자식의 의견을 존중하여 좋아하는 길을 가게 하고 부모로서 가능한 한 지원해 주는 것이라고 생각한다.

이 인터뷰를 한 지 5년이 지나도 김웅용이 서울대학교에 입학했다는 말은 없었다.

"거짓말도 한 방편"

다시 1983년 9월.

박 기자와 면담을 마친 나는 일단 서울 시내에 있는 호텔로 돌아왔다. 김웅용 부모의 연락처를 조사하기 위해서였다.

호텔 프런트에서 전화번호부를 빌렸다. 전화는 아마도 부친 명의일 것이다. 웅용의 부친 김수선 씨의 이름을 찾기 위해 페이지를 넘겼으나 명부에는 한글뿐 한자는 없었다. 할 수 없이 동행하던 통역자에게 찾아달라고 부탁했다. 그러자 서울 시내에 동명이인이 10명이나 되었다. 과연 이 중에 웅용의 부친은 있는 것일까? 이렇게 된 이상 한 명 한 명 전화해 볼 수밖에 없다. 웅용의 부모는 일본어를 할 수 있다고 오오노 프로듀서에게 들었기 때문에 일본어로 시도해 보았다.

"김수선 씨 댁인가요?"

일본어가 통하지 않고 전화가 끊겼다. 일본어가 통하지 않는다면 웅용의 부모는 아닐 것이다. 몇 통인가 전화를 더 했지만 여전히 말이 통하지 않아 상대방이 전화를 끊는 상황이 계속되었다. 보다 못한 통역자가 수화기를 바꿔 들고 한국어로 물어 보았다. 그러나 역시 마찬가지로 웅용의 부모는 아니었다.

불안해졌다. 다른 이름으로 전화를 놓았을지도 모른다. 아니면 집이 서울이 아닐지도 모른다. 아니면 전화가 없는 것일까? 아니 대학 물리학과장 집에 전화가 없다는 건 말이 안 되지. 집이 서울이 아니라 시외에 있는 것은 아닐까?

아니면 일본에서 김웅용을 취재하러 왔다는 정보를 어디선가 듣고 아닌 척한 건 아닐까? 이도 저도 아니라면 일본어를 잊어버린 것일까? 하는 생각이 꼬리에 꼬리를 물고 떠올랐다.

여덟 명째 김수선 씨에게 전화를 했을 때였다.

"김수선 씨 댁인가요?"

"네, 그렇습니다."

여성이 전화를 받더니 이렇게 대답했다. 가슴이 두근거리기 시작했다

"유명현 씬가요?"

연거푸 물었다.

"네, 제가 유명현인데요."

부인은 일본어로 대답했다. 김웅용의 집이라는 확신이 들었다. 나의 심장 고동소리가 더 커졌다. 통역자가 수화기에 얼굴을 들이밀었

지만, 나는 수화기를 고쳐 쥐고는,

"웅용 군의 어머니시군요?"

라는 확인의 멘트를 날리자 상대방은 잠시 침묵했다. 그러나 나는 계속해서 말을 걸었다.

"웅용 군의 어머니 맞으시죠?"

연거푸 물어도 대답이 없다. 이대로 전화가 끊긴다면 끝장이라는 생각이 들어 어떻게 해서든지 이야기를 이어가고자 했다.

"남편분은 건국대학교 부학장이시죠?"

"네, 그렇습니다."

다시 목소리가 들렸다. 전화를 받고 있는 여성은 100% 틀림없이 웅용의 모친이다.

"어머님과 만나고 싶습니다. 일본TV에 출연했던 웅용 군은 잘 있습니까?"

"웅용에 대해서는 별로 말하고 싶지 않습니다."

전화를 끊어 버릴 것 같은 말투였다.

"잠깐만 기다려 주세요."

나는 애원하며 순간적으로 거짓말을 했다. '거짓말은 도둑질의 시발점, 무슨 일이 있어도 거짓말을 해서는 안 된다'라고 돌아가신 어머니는 늘 말씀하셨고 이 말씀을 지키며 자라왔다. 그러나 이 때만큼은 '거짓말도 한 방편'이라는 속담을 택했다.

"오오노 씨가 전해달라고 부탁한 물건을 가져왔습니다. 어머님께 전해 드리고 싶습니다만……"

"오오노······.'

의심쩍어하는 목소리가 들렸다.

"그렇습니다. 오오노 마사토시 프로듀서입니다."

"오오노······. 오오노 씨."

웅용의 어머니는 몇 번이나 되뇌었다.

"그렇습니다. 웅용 군을 데리고 간다의 진보초를 안내했던 후지TV 방송 프로듀서입니다."

마음 속으로 오오노 프로듀서를 제발 기억해 주기를 간절히 바랐다. 그러자,

"아, 오오노 씨요. 기억났습니다. 그럼 내일 오후 7시에 저희 집에 와 주세요."

드디어 유명헌 씨가 대답했다.

오오노 프로듀서의 이름은 효과 만점이었다. 한국 미디어도 절대로 만나지 못하는 웅용의 모친과 약속을 잡은 것이다. 나는 통역자와 손을 잡고 기뻐했다.

천재의 기구한 운명

이탈리아 정신의학자 롬브로조에 의하면 '천재 집안의 전형적인 특징은, 천재 이외에는 천재라고 불릴 만한 인물이 나오지 않는 것'

이라고 한다.

천재 집안은 하나의 훌륭한 꽃을 피우기 위해 수많은 쓸데없는 꽃을 피우는 나무와 비슷하다는 것이다. 예를 들면 괴테, 베토벤, 바이런 등의 집안이 그러하다.

괴테의 경우는 아버지가 일정한 직업이 없었을 뿐 아니라 만년에는 정신이상이 되었다고 한다. 괴테의 형제 5명 중 3명은 어린 시절에 죽었고 6세까지 산 남동생은 제멋대로 행동하는 성격이상아였고 성인이 될 때까지 산 여동생은 정신병을 앓았다고 한다.

괴테 역시 5명의 자식이 있었지만 살아남은 것은 1명뿐이었다. 살아남은 이 아이 역시 알코올 중독으로 41세로 생을 마감한다.

일본의 연예계를 살펴보자. "쇼와(＊昭和, 일본의 연호. 1926~1989년)의 노래 공주" 미소라 히바리는 누구나 인정하는 천재 가수이다. 후지 TV의 어떤 감독은 이렇게 술회하고 있다.

"스튜디오에서 미소라 씨의 노래를 몇 번이나 들었습니다만 다른 가수들과는 전혀 다릅니다. 공기가 진동하며 노래가 전해져 옵니다. 천재란 바로 이런 사람을 두고 하는 말이라는 것을 실감했습니다."

히바리는 4명의 형제 자매 중 장녀이다. 첫째 남동생은 폭력단과 연루되어 몇 번이나 경찰서를 들락날락했고 둘째 남동생은 술에 빠져 세상을 시끄럽게 했다. 두 사람 다 42세라는 젊은 나이로 생을 마감했다. 한 살 아래 여동생도 54세 때 가수로 데뷔했으나 인기를 모으지는 못했다.

'천재는 쓸데없는 꽃을 만든다' 라는 말을 따른다면, 미소라 히바리는 그야말로 훌륭한 천재였던 것이다.

작가이자 도지사인 이시하라 신타로 씨도 이렇게 공언하고 있다.

"내가 생각하는 천재는 두 사람이다. 한 명은 미소라 히바리, 다른 한 명은 다나카 가쿠에이(전 수상). 품격이 없다는 것이 두 사람의 공통점이다. 그래서 대중에게 인기가 있었다."

한편 뛰어난 재능을 가진 천재들은 긴 인류 역사 가운데 사회 발전과 문화 창조에 공헌해 왔다. 그러나 그 반면 보통 사람들이 도저히 생각할 수 없는 행동을 보이기도 한다.

자주 언급을 하는 것 같아 무덤에 있는 괴테에게는 미안한 생각이 들지만, 다시 한 번 괴테의 예를 살펴보자. 괴테는 일반적으로 문호로 알려져 있지만 24세 때 다른 사람의 약혼자인 여성에게 열렬히 구애하며 죽네 사네 하고 문제를 일으켰다고 한다. 그 결과 태어난 작품이 명작 『젊은 베르테르의 슬픔』이다.

그리고 마을의 꽃 파는 아가씨를 보고 한눈에 반한 괴테는 열정적으로 구애하여 결혼에 성공한다. 그러나 결혼 후에도 얌전히 있을 괴테가 아니다. 그는 여러 여인들과 차례차례 염문을 뿌렸고 그 결과 작품도 차례차례 태어났다.

괴테는 명작 『파우스트』를 통해 "장미를 보면 시를 지어라" "사과를 보면 깨물어라"라고 쓰고 있다. 여기서 말하는 장미와 사과는 물론 여성을 의미한다.

앞에서도 말했지만 괴테는 72세 때 19세의 여성에게 진지하게 프러포즈를 했다고 한다. 할아버지가 되어서도 여전히 정력적이었던 것이다. 보통은 욕망이 있어도 행동에 옮기지 못하는 것이 일반 사람들이다.

기이한 행적으로 유명한 사람 중에 한 명이 프랑스의 작가 모파상이다. "내 몸에는 보석이 있다." 그래서 "화장실에 가면 보석이 흘러나와 버린다. 아까워서 가지 않는다."는 에피소드가 남아 있다. 이것은 코카인, 에테르, 모르핀, 마리화나 등의 마약을 하고 있어서 이상 행동을 보인 것이라고 전해지고 있다.

철학자 니체도 특이한 행동으로 인해 11년간이나 병원생활을 한 후 생을 마감했다. 앞에서 언급한 정신의학자 롬브로조에 의하면 사망 원인은 매독 때문이었다고 한다.

프랑스의 상징파 시인 랭보의 재능은 문학사의 기적이라고 말해지고 있다. 문학적 생애를 산 것은 겨우 3년이지만 그가 남긴 2,500행의 시와 같은 분량의 산문시로 인해 랭보의 이름은 역사에 길이 남을 것이다. 그는 어린 시절부터 조숙했고 라틴어를 잘해서 부모에게 자랑스러운 아들이었다고 한다.

그러나 청년기에 들어서자 성격이 신경질적으로 변하더니 쉽게 화를 내고 난폭하게 굴었고 병적인 강박관념에도 사로잡혀 있었다고 한다.

랭보는 역시 천재라고 일컬어진 시인 베를렌에게 자작시를 보낸 것이 계기가 되어 친해졌다. 그리고 가족을 버린 베를렌과 함께 프랑스를 떠나 벨기에에서 살았다.

얼마 후 베를렌과의 생활에 싫증이 난 랭보는 자유 행동을 선언하자 베를렌은 랭보를 총으로 저격한다. 다행히 생명에는 지장이 없었다. 천재가 천재를 총으로 쏜 것은 전대미문의 사건으로 지금이라면 방송에서 무척 떠들어댔을 것이다. 시청률 역시 엄청나서 사원들은 금일봉을 받았을지도 모른다.

한편 총을 쏘았던 베를렌은 2년 동안 형무소에 수감되었는데 이 때 쓴 시가 『말 없는 연가』이다. 이런 면모가 천재다운 행동이라고 할 수 있겠다.

이후 랭보는 아프리카에 건너가 토목 공사 감독을 하거나 돌아다니며 사업을 했다. 랭보는 "같은 장소에서 계속 사는 것은 불행하다고 늘 생각한다"고 말했으나 결국 에티오피아에 정착한다. 프랑스로 돌아가 결혼하려 했으나 37세 때 다리의 종기가 덧나 한 쪽 다리를 절단하고 몇 달 뒤 그의 기구한 일생을 마쳤다.

보통 사람들에게는 없는 특이한 '그늘'이 천재의 특징 중 하나가 아닌가 싶다.

오오노 프로듀서 덕분에

김웅용의 모친과 약속을 잡았기 때문에 다음 날 '오오노 프로듀서의 선물'을 사러 서울역 부근을 돌아다녔다.

뭐가 좋을까? 일본에서 가져온 것처럼 꾸밀 시간이 없었다. 센베이 같은 과자는 딱딱해서 이빨이 안 좋은 사람에게는 실례가 될 것 같아 팥 앙금이 들어 있는 무난한 과자를 선택했다.

그리고 택시를 타고 그의 모친이 살고 있는 자택으로 향했다.

서울특별시 중심가에서 남동쪽으로 약 12킬로 떨어진 고층 아파트가 즐비한 일각에 웅용의 양친이 사는 고급 맨션이 우뚝 솟아 있었다. 근처에는 한강이 유유히 흐르고 있었다.

1층에 있는 수위실에서 연락하자 문의 자동 잠금 장치가 열렸다. 그리고 엘리베이터를 탔다. 이 맨션은 마치 호텔과 같이 고급스러운 분위기를 자아내고 있었다.

2000년에 한 번 나올까 말까 한 천재라고 불렸던 인물을 드디어 만날 수 있는 것일까? 이제 스물한 살이 된 김웅용은 어떤 청년이 되어 있을까?

하지만 어제 보여준 모친의 태도로 미루어 짐작해 보면 그와 만나는 것은 어려울지도 모른다. 비록 집안에 있다고 해도 그를 어딘가에 숨어 있게 하고 만나게 해 주지 않을 것이다.

그럼 김웅용의 남동생이나 여동생과는 만날 수 있을까? 남동생은 18세, 여동생은 16세. 웅용과 닮아서 두 명 모두 천재라고 했지만 어떤 인물이 되어 있을까? 등등 이런 저런 생각을 하는 중 엘리베이터가 5층에서 멈췄다. 불안 반 기대 반으로 가슴이 벅차 올랐다. 통역 없이 혼자 온 것도 불안을 증폭시켰다.

오오노 프로듀서의 '선물'만을 받고 문을 닫아 버리는 것은 아닐까? 집에도 못 들어가 보고 김웅용의 정보를 하나도 얻지 못하는 것은 아닐까? 등의 안 좋은 상상이 머리 속에 떠올랐다.

  5층은 바늘 떨어지는 소리도 들릴 만큼 고요했다. 복도를 한 발짝 한 발짝 걸어나가 502호실 앞에 섰다.

  긴장감이 몰려왔다. 오오노 프로듀서의 말만 전하면 된다. 김웅용은 무엇을 하고 있는가? 건강하게 잘 지내고 있는가? 이 말을 하는 것으로 충분하다, 더 이상 알려고 하지 말자, 이런 생각을 하며 초인종을 누르고 이름을 말하자 '들어오세요'라는 말과 함께 현관문이 열렸다. 현관에는 중년의 여성이 서 있었다. 웅용의 모친 유명현 씨였다. 천재를 낳고 기른 공로로 '훌륭한 어머니 상'을 수상(1968년)한 적이 있다고 한다. 베이지색의 원피스에 안경을 끼고 있었고 중간 키에 알맞게 살이 찐 체격이었다. 화장기 없는 수수한 얼굴이 실제 나이인 50세보다는 더 들어 보였다.

  여하튼 감사하게도 집안으로 들어갈 수 있었다. 모친은 한 번 더 들어오세요 하며 손으로 들어오라는 표시를 했다. 나는 정중하게 머리를 숙여 인사를 한 번 하고는 신발을 벗었다.

  약 6평쯤 되는 넉넉한 거실에 소파, 테이블, 피아노가 있었다. 장식장 위의 꽃병에는 흰색과 노랑색의 꽃이 꽂혀 있었다.

  방이 4개 있는 구조였는데 먼지 한 톨 없이 깔끔하고 잘 정돈되어 있었으며 고급스러운 분위기가 감돌고 있었다.

  그러나 아이들의 목소리는 전혀 들리지 않았다. 보통 오후 7시는 온 가족이 모여 식사를 하고 담소를 나누는 시간인데 쥐 죽은 듯 조용했다.

현관을 들어가서 왼쪽이 부친의 서재였다. 김웅용의 부친은 출장 인가로 오늘도 또 부재 중이었다.

벽 전체가 책장이었는데 물리학 관계 책이 가득했다. 서재의 중심에 책상이 있고 쓰다 만 원고가 산처럼 쌓여 있었다. 이 방에서 웅용의 모친과 이야기를 나누었다.

우선 자기 소개를 한 후 서울역에서 오오노 프로듀서의 선물인 것처럼 구입한 과자를 건넸다.

웅용의 모친은 한 번 보더니 옆에 밀어두었다.

"오오노 씨는 잘 계시나요?"

웅용의 모친이 먼저 질문을 했다.

"네, 건강하게 잘 있습니다."

라고 대답한 후 오오노 프로듀서에게 받은 명함을 내밀었다. 웅용의 모친은 명함을 받아 들고는 가만히 들여다보았다.

"지금도 TV 프로그램을 만들고 계신가요?"

"아니요. 지금은 관련 회사의 사장이 되었습니다."

"그렇군요. 출세하셨군요."

유명현 씨는 그 때가 그리운 듯 눈을 가늘게 떴다. 나는 질문할 타이밍을 엿보아 웅용에 대해 물었다.

"그런데 웅용 군은 건강하게 지내고 있나요?"

"웅용? 아들에 관한 것이라면 별로 말하고 싶지 않습니다."

라며 어두운 표정을 지었다. 그래서 나는 바로 화제를 바꿨다.

"책이 엄청 많네요."

"네. 남편 책입니다. 남편이 쓴 책도 많이 있어요."

다시 자연스럽게 말이 이어졌다.

표지가 한자로 되어 있어서 읽을 수 있었다. 예를 들면 『유체역학』『열관리학』『물리학 개론』『표준 대학 물리학』『열관리 기사 4주간 완본』 등 저서는 30권이 넘는 듯했다.

역시 서울대학 대학원을 수석으로 졸업한 수재로구나 하는 생각을 했다. "장래 학장 후보라고 들었습니다만"이라고 하자, 웅용의 모친은 처음으로 웃음을 보였다.

"그렇습니다. 앞으로 몇 년 후에 (학장이) 될 것입니다. 지금도 원고를 쓰고 있어요."

그리고 일어서더니 이쪽으로 와 보라는 듯한 몸짓을 했다. 나는 옆으로 다가가 책상 위의 원고를 들여다보았다. 한글로 씌어졌기 때문에 의미는 몰랐지만, "대단하시네요"라고 하자,

"처음 저희가 일본에 갔을 때는 남편의 저서가 한 권도 없었어요."라며 웃었다.

부부 사이가 좋군, 하는 것이 그 때의 인상이었다. 좋은 가정 환경은 천재나 수재를 키우는 조건 중 하나일지 모르겠다.

웅용의 모친은 "잠간만요"이라고 말하고 자리를 뜨더니 홍차를 내왔다. 이런 대접을 받는 것도 모두 오오노 프로듀서 덕분이다.

조금 분위기가 부드러워진 가운데 다시 웅용에 관한 질문을 했다.

"지금은 조용히 지켜봐 주세요"

"이 집에 웅용 군이 있나요?"
"……없습니다."
모친의 얼굴이 다시 어두워졌다.
나는 홍차를 한 모금 마시고 주위의 소리에 신경을 집중했다.
김웅용이 방 어딘가에 숨어 있을지도 모른다. 이것은 어린 시절의 숨바꼭질을 생각나게 했다. 벽장 안이나 이불 속, 책상 밑, 커튼 뒤에 숨은 친구를 발견하면 "찾았다"라고 외친다. 나는 방 여기 저기를 돌아다니며 웅용 군을 찾아내 "찾았다"라고 외치고 싶은 충동에 사로잡혔다.
그러나 마음대로 방 여기 저기를 돌아다닐 수는 없는 노릇이다.
"웅용 군과 같이 살고 있나요?"
홍차를 두 모금 마신 후 물었다.
"같이 살고 있지 않습니다."
"그럼 어디에 있나요?"
"……"
"웅용 군과 만나고 싶습니다만."
"만날 수 없습니다."
"왜 만날 수 없죠?"
"어떻게 해도 만날 수 없습니다."

말투가 강해졌다.

"남동생과 여동생은요?"

"지금 없습니다."

더욱 말투가 강해졌다.

모친의 얼굴에는 불쾌감이 드러났다. 나는 다시 비장의 카드인 오오노 씨의 이야기를 꺼냈다.

"오오노 프로듀서의 심부름으로 웅용 군이 잘 있는지 보러 왔기 때문에……."

"웅용은 잘 있다고 전해주세요."

이 이상 물어보는 것은 무리라는 판단이 들어 잠시 침묵하고 있자 모친이 입을 열었다.

"여러 가지로 주위에서 말이 많아서 예민해졌던 것 같네요. 조금 전에도 말했지만 지금 웅용에게 있어서 중요한 것은 조용히 공부하는 것입니다. 지금은 고모 집에서 공부하고 있습니다. 웅용과 떨어져서 생활하고 있지만 걱정은 하지 않습니다. 이제 더 이상 어린아이가 아니니까요. 이제 스물한 살입니다. 일 년에 두 번쯤 집에 옵니다. 그때는 온 가족이 함께 지냅니다. 그러니 지금은 웅용을 조용히 지켜봐주세요."

이 맨션에서 웅용을 제외한 가족 네 명이 살고 있다고 했다.

시간은 오후 8시 5분. 이 집을 방문한 지 1시간이 넘었다.

"지금 제가 병으로 몸이 좋지 않습니다. 인슐린 주사를 맞을 시간이네요."

모친이 말했다. 내가 카메라를 들이대자 "찍지 말아 주세요"라며 거절했다.

그래서 서재를 배경으로 나를 찍어 줄 것을 부탁하자 김웅용의 모친은 내 부탁을 들어 주었다.(이 때 찍은 사진이 20여 년 후 매우 중요한 역할을 하게 된다.)

서로 인사를 나누고 맨션을 뒤로 했다. 돌아가는 엘리베이터 안에서 단 과자를 사간 것을 조금 후회했다.

김웅용의 모친 유명현 씨가 찍은 저자의 사진(1983년 가을). 김웅용의 부친의 서재에서.

김웅용은 보통 아이들처럼 학교 교육은 받지 않았다. 초등학교, 중학교, 고등학교를 한 번도 다닌 적이 없다. 같은 연령의 아이들과 같이 공부한 경험이 한 번도 없다. 4살 때 한양대학교 청강생으로 공부한 적이 있기는 하지만 이 기간도 반 년이 채 되지 않는다. 거의 양친의 감독하에 집안에서 고독하게 공부하며 세월을 보낸 것이다.

"그는 확실히 재능이 있다. 그러나 부모의 교육 방법이 잘못되었다."(이화여자대학교 이상금 교수)

"가장 위험한 것은 학습을 일찍 시작하여 문화습득 기간을 단축시키고자 하거나 학력 사회 안에서 경쟁을 돌파시키기 위해 능력을 개발하고자 하는 것입니다. 이렇게 하는 것은 언뜻 보면 일시적으로 능력이 개발되어 지적 능력이 높아진 듯 보입니다. 그러나 학습 태도 형성을 망쳐버립니다. 이것과 비교해 노는 데 정신이 팔려 공부를 하려 하지 않는 아이가 훨씬 나은 경우도 많습니다."(일본 성심여자대학교 오카 히로코 교수)

나는 김웅용의 아버지가 말한 "가까운 시일 안에 세상을 깜짝 놀라게 할 발표가 있을 것이다"라는 말이 조금 신경이 쓰이긴 했지만, 이것은 자식을 아끼는 마음에 자식을 제대로 평가하지 못한 상태에서 한 발언이라고 판단했다.

한국 미디어가 보도한 것처럼 역시 김웅용이 평범해져 버렸다는 생각이 강하게 들었다.

"그렇습니까? 그가 평범한 사람이 됐습니까?"

결국 나는 이 이상 김웅용을 추적할 필요는 없다고 판단하여 한국을 뒤로 했다.

일본에 돌아오자 야노 켄타로 도쿄공업대학 명예교수의 자택을 방문했다. 사전 약속을 해 놓은 상태였다.

젊은 날 알베르트 아인슈타인과 2년간 함께 연구한 야노 교수의 자택은 도쿄 기타구 카미나카자토에 있었다. 그의 화려한 경력에 비해 집은 비교적 검소한 일본 가옥이었다.

야노 교수는 뇌혈전으로 쓰러져 고마고메 병원에 입원 중이었는데 이 날은 일시 귀가 중이었다.

나는 3평쯤 되어 보이는 응접실로 안내되었다. 야노 교수는 당시 나이 71세였는데 나이 탓도 있고 병원에 입원할 정도로 건강이 좋지 않은 상태여서 그런지 얼굴색이 창백하고 심지어 말하는 것조차 힘들어 보였다. 그러나 김웅용에 대해서는 역시 걱정도 되고 흥미도 있는 듯 기분 좋게 취재에 응했다.

나는 김웅용의 8세 때부터 21세 때까지의 공백기 13년에 대해 간추려 설명했다. 야노 교수는 음, 음 대답하며 귀를 기울였다. 다 듣고 난 야노 교수가 입을 떼었다.

"조숙한 천재는 때때로 평범한 사람이 되는 경우가 있습니다. 그래도 TV에 출연했을 당시는 정말 대단했었습니다."
라고 말한 후 입을 조개처럼 닫아 버렸다.

나는 그 다음으로 오오노 프로듀서에게 보고하러 갔다.

현재 후지TV는 오다이바에 있지만 당시는 아직 신주쿠 하마다초에 있었다. 방송국에서 밖으로 나오면 좁은 길이 있는데 그 길 맞은편에 후지 학원이라는 빌딩이 있었다. 그 빌딩 2층에 오오노 프로듀서가 있는 '후지 음악 출판' 사무실이 있었다.

김웅용에 대한 보고를 처음부터 끝까지 듣더니, 오오노 프로듀서의 얼굴에 늘 띠고 있던 웃음이 걷혔다. 창 밖으로 눈을 돌리더니 조금 쓸쓸한 표정을 지었다. 먼 옛날 웅용의 손을 잡고 진보초에 있는 고서점가를 돌아다녔던 즐거운 추억을 생각하고 있는 것일까?

오오노 프로듀서는 내 쪽으로 얼굴을 돌리더니,

"그렇습니까? 김웅용 군이 평범해졌습니까? 옛날 속담이 생각나는 군요."

라고 중얼거리듯 한 마디 했다.

"10세에 신동, 15세에 재사(才士), 20세가 넘으면 평범한 사람……"

제3장

2011년 봄, 김웅용 48세

김웅용, 다시 한 번

2011년 3월, 간다 진보초를 걷다가 어떤 신간 서점에 들어가니 '뇌' 관련 코너가 따로 있었다. 최근에 일종의 '뇌' 붐이 일고 있다. TV 프로그램도 '뇌'를 테마로 다룬 것이 많다.

1996년 12월 8일 날짜의 아사히 신문에 의하면 나라에서 2조 엔의 예산을 들여 뇌 연구를 시작했다고 한다. 이 보도가 계기가 되어 이윽고 뇌 붐이 일어나고 과학자들이 인기를 얻게 되었다.

나는 문득 김웅용이 생각났다. 그는 지금 몇 살이 되었을까? 머릿속으로 대강 계산해보았다. 김웅용은 48세가 됐을 것이다.

이미 훌륭한 아저씨가 아닌가? 결혼을 해서 가정도 갖고 사회의 일원으로 행복하게 살고 있을까? 아니면…… 조금 걱정이 되기 시작했다. 그러고 보니 오오노 프로듀서가 김웅용을 진보초에 데리고 갔던 적이 있다. 어떤 서점에 들어갔을까?

야스쿠니 거리를 따라 고서점들이 쭉 늘어서 있다. 진보초에서 가장 오래된 고서점 〈잇세이도〉.

나도 자주 가는 타무라 서점, 미시마 유키오에 대한 자료가 풍부한 고미야마 서점, 야기 서점, 교쿠에이도 서점이 늘어서 있다.

김웅용이 들어갔던 서점을 찾아 보았다. 그리고 들어갔음직한 서점을 찾았다.

　오오노 프로듀서가 김웅용의 손을 잡고 들어간 고서점은 〈잇세이도〉와 도로를 사이에 두고 맞은편에 있는 〈메이린칸 서점〉일 것이다. 왜냐하면 이 고서점은 진보초에서 자연과학을 전문으로 취급하는 서점 중에서 최고이기 때문이다. 그의 부모도 기뻐했다고 하지 않았던가. 안에 들어가자 일본어뿐 아니라 영어, 독일어로 된 물리학 관련 책이 꽉 차 있었다. 물리와 관계 있는 사람들이라면 엄청 좋아할 서점이다. 가게 안에는 손님이 몇 명 있었다.

　지하 1층, 지상 6층의 빌딩이다. 점원이 젊어서 김웅용에 대해 물어봐도 모를 것 같았다. 44년 전의 일이기도 하고.

　나는 고서의 냄새에 취해 오오노 프로듀서와 손을 잡고 책을 돌아보던 김웅용을 상상하며 서점 안을 돌아다녔다.

　집에 돌아와 컴퓨터를 켜고 검색을 위해 키워드를 입력했다.

　그리고 나는 너무 놀라 뒤로 넘어갈 뻔했다.

　검색 결과 나온 것은 중앙일보 기사의 일부였다. 김웅용이 세계의 지성으로 인정받게 되었다는 뉴스였다.

　기사의 내용을 간추려 정리하면 다음과 같다.

"김웅용 씨는 국토환경연구소 연구원으로 일하면서 연세대와 충북대 등에서 강의를 하는 등 바쁜 일상 속에서도 국내외의 학술지에 수리분야 등의 논문을 90여 편 게재. 그 결과 세계적인 인명사전에 이름을 올렸다."

누가 그를 실패한 천재라 했나

60년대 신동 김웅용씨 '세계의 지성'에 올랐다

3대 인명사전 모두 등재

'1980년판 기네스북 세계 최고 지능지수(IQ·210) 보유자' '5세 때 4개 국어를 구사하고 6세 때 일본 후지TV에 출연해 수학 미적분을 척척 풀어낸 신동'.

60년대 세상을 떠들썩하게 했다가 한동안 세인의 관심에서 멀어졌던 '천재소년' 김웅용(43·충북개발공사 보상팀장·사진)씨.

그가 올 들어 세계적으로 권위 있는 3대 인명사전에 모두 이름을 올리면서 '세계의 지성'으로 인정받게 됐다.

김씨는 최근 미국인명연구소(ABI)의 '21세기 위대한 지성(Great Minds of the 21st Century)'에 선정됐다. 앞서 올 상반기에는 미국 마퀴스 세계 인명사전(Marquis Who's Who in the World) 23판과 영국 케임브리지 국제인명센터(IBC)가 선정하는 '21세기 우수 과학자 2000'에 잇따라 이름이 올랐다.

그는 또 영국 국제인명센터(IBC) 토목·환경공학 분야의 '올해의 국제교육자'로 뽑혔고, 이 센터 종신 부이사장으로 선임돼 아시아를 대표하게 됐다. 이 단체로부터 11월에 국제공로훈장도 받을 예정이다.

김씨는 4세 때부터 7세까지 청강생으로 한양대에서 물리학을 공부했다. 8세(70년) 때는 미국 우주항공국(NASA) 초청으로 미국 콜로라도 주립대 대학원에서 석·박사 학위 과정을 수료했고 74년부터 5년간 NASA 선임연구원으로 일하기도 했다.

그러나 그는 78년 갑자기 미국 생활을 접고 귀국한 뒤 81년 지방대인 충북대에 입학하는 바람에 항간에서는 '실패한 천재'로 불리기도 했다.

김씨는 그러나 "함께 어울릴 수 있는 또래도, 친구도 없이 NASA가 주는 과제를 수행하는 쳇바퀴 같은 인생에 질려 돌아왔을 뿐"이라고 설명했다.

인간다운 삶을 사는 보통사람으로 돌아가고 싶어 지방대를 택한 게 '실패한 천재'처럼 비쳤다는 것이다.

그는 충북대에 입학해 전공을 토목공학으로 바꿔 박사 학위까지 받았다. 국토환경연구소 연구위원으로 일하면서 연세대와 충북대 등에서 강의도 했다. 이런 바쁜 일상 속에서도 김씨는 국내외 각종 학술지에 치수 및 수리학 분야 논문 90여 편을 게재하면서 자신의 진가를 서서히 알리기 시작했다. 그리고는 마침내 올해 세계 3대 인명사전에 모두 자신의 이름을 올린 것이다.

올 7월부터 충북개발공사에서 일하고 있는 그는 "천재소년이라는 딱지 때문에 스트레스를 너무 많이 받아 왔다"며 "평범하게 살면서 다른 사람들처럼 순수하게 학문과 업무적으로만 평가받고 싶다"고 말했다. 그러면서 "나를 별난 존재로 보지 않는 인간적인 동료들과 함께 하고 싶은 일을 할 수 있어 만족스럽다"고 덧붙였다.

청주=김방현 기자
kbhkk@joongang.co.kr

김웅용이 '세계의 지성'으로 선정된 것을 보도하는 신문기사(2006년 9월 8일 《중앙일보》)

수리분야라는 것은 수리학으로 한 마디로 설명하면 물의 흐름에 관한 역학을 연구하는 학문이다.

〈위키피디아〉에 의하면, 하천공학, 해안공학, 수도공학, 수자원공학, 방재공학 등의 기초가 되는 학문으로 저 유명한 레오나르도 다 빈치는 『물의 운동과 측정』이라는 저서에 개수로 흐름 등에 관한 과학적 고찰과 더불어 「물 흐름의 방정식」을 처음으로 명시하여 확립시켰다고 한다. 수리학이란 물의 물리적 움직임을 대상으로 하는 학문이라고 한다.

신문 기사를 더 살펴보니 "국립 충북대학교에 입학 후, 전공을 토목공학으로 바꿔 박사학위를 받았다."라고 되어 있었다.

그리하여 김웅용은 세계에서 가장 권위 있는 인명사전인 『ABI (American Biographical Institute)』에 '21세기 위대한 지성(Great Mind of the 21st Century)'으로 선정되었다고 한다. 게다가 이 기사는 지금으로부터 5년 전인 2006년 9월 8일자 신문 기사였다.

김웅용이 평범한 사람이 되었다고 생각하고 있던 나는 머리 속이 하얗게 될 정도로 충격을 받았다.

김웅용은 세상을 등지고 한국의 어느 시골에서 한가롭고 소박하게 살아가고 있을 것이라고 생각했기 때문이다.

조기교육에 실패한 김웅용은 결혼도 하지 않고 여전히 부모 밑에서 우울한 생활을 하고 있을 것이라는 이미지를 혼자 마음대로 만들어 냈던 것이다.

이 이미지가 한순간에 날아가 버렸다.

1983년에 한국을 방문하여 그 결과를 「천재 소년이 평범해졌다」는 내용으로 정리해서 당시 나는 주간지에 발표한 적이 있었다. 나는 김웅용의 아버지가 말한 "가까운 시일 안에 세상을 깜짝 놀라게 할 발표가 있을 것이다."라는 말도, 그저 자식을 아끼는 마음에서 한 말로 치부하고 그 이후 제대로 알아보지도 않았던 것이다.

그 날 밤 어떤 목소리가 들려왔다.
"매스컴은 써 갈기기만 하고 뒷일은 나 몰라라 한다."
다음 날이 되어도 이 목소리는 내 귓전에 맴돌았다.
좋아, 다시 한 번 김웅용을 추적해 보자. 내가 쓴 기사를 정정할 책임도 있다. 이런 생각으로 머리 속이 가득 찼다.
바로 중앙일보 일본지사를 방문했다. 히가시긴자에 있는 중앙일보는 시사통신 빌딩 안에 있었다. 사전 약속을 하고 갔기 때문에 키가 크고 핸섬한 신 과장이 대응해 주었다.
신 과장은 김웅용의 기사뿐만 아니라 김웅용 자체를 몰랐다. 모르는 것이 당연하다. 44년 전의 일을 30대로 보이는 신 과장이 알 리 없기 때문이다.
신 과장은 기사를 쓴 기자의 연락처와 기사를 복사해서 나중에 보내 주겠다고 했다.

한국의 교육―입시 학원·대학 진학률 1위

김웅용이 졸업한 충북대학교는 서울시에서 남동쪽으로 약 130킬로미터 떨어진 곳에 위치한 충청북도 청주시에 있는 국립대학교이다. 이 지역은 한국에서도 충, 효, 예의 덕목을 기리는 풍조가 강한 교육과 문화의 도시이다.

국립인 충북대학교를 중심으로 사립인 청주대학교를 포함하여 유치원, 초등학교, 중학교, 대학원까지 214개의 학교가 있으며 약 17만 명이 공부하고 있는데 이것은 청주시 인구의 30%에 해당한다. 교육에 열심인 지역으로 일본의 돗토리현과 자매 도시를 맺고 있다.

그럼 여기서 한국의 교육 사정에 대해 알아보자.

한국의 경우는 국립 서울대학교가 국내 1위라고 누구나 인정한다. 계속해서 대학 순위를 살펴보면 다음과 같다. KAIST(한국과학기술원), 사립인 고려대학교, 연세대학교, 한양대학교, 국립 부산대학교, 포항공과대학교, 성균관대학교, 서강대학교, 이화여자대학교, 중앙대학교, 한국외국어대학교, 서울시립대학교, 경북대학교, 건국대학교, 동국대학교 순이다.

김웅용의 모교인 충북대학교는 난이도, 인기도 모두 한국 대학순위 톱10에 들어가 있지 않다.

한국의 대학 진학률은 일본보다 훨씬 높다. 2010년 정부 발표에 의하면 79%가 대학에 진학했다고 한다(전문대를 포함한 수치). 이에 비해 일본의 대학 진학률은 56.8%이다.

한국 교육 연보에 의하면 대학 진학률이 예전부터 높았던 것은 아니다. 90년대 초에는 30% 전후였다. 그러나 1993년쯤부터 급속하게 높아져서 2000년에는 80%를 넘을 정도가 되었다.

이유가 뭘까? 그것은 저출산으로 인한 아이들 수의 감소와 경제력의 향상이라고 한다.

여하튼 한국은 일본 이상으로 학력사회이다. 극단적인 얘기이지만 한국에서는 대학을 나오지 않으면 사람 취급 못 받는 경우도 있다고 한다. 좋은 대학에 들어가는 것이 효도인 사회이므로 좋은 대학에 들어가기 위해 열심히 하는 것이다.

한국의 배우들은 대부분 대학을 나왔고 개그맨들도 대학을 나온 사람이 압도적으로 많다고 한다.

참고로 일본에서도 인기가 있는 이병헌은 대학원을 졸업(중앙대학교 신문방송학과 대학원)했고, 중퇴하긴 했지만 배용준(성균관대학교)도 최지우(한양대학교)도 대학교를 다녔다.

일본에서는 센터시험 후에 국공립 전기 시험 외에 후기 시험도 볼 수 있고 사립 대학교도 여러 곳 응시할 수 있다. 그러나 한국에서는 2차 시험이 없고 일본의 센터시험에 해당하는 대학수학능력시험 단 하나로 승부가 정해진다고 한다.

그래서 대학수학능력시험 당일은 시험에 늦을 것 같은 수험생을 오토바이에 태워 시험장까지 데려다 주는 등 경찰들도 바쁘다. 영어 듣기 평가할 때 소음이 발생하지 않도록 클랙슨 금지, 버스와 열차의 서행 운행, 더 나아가서는 비행기 소음까지도 억제시킨다고 한다.

수험생 부모가 자식의 대학 합격을 기원하며 기도하는 모습이나 입시학원 관계자들이 플래카드를 들고 응원하는 모습 등을 매스컴에서 방송하며, 이 날은 나라 전체가 떠들썩하다.

합격을 기원하는 합격기원상품도 많은데 가장 일반적인 것이 엿이다. 지원한 대학에 딱 붙으라는 의미이다. 답을 콕 찍으라는 의미의 포크, 머리 회전을 좋게 한다고 하는 타이어와 주사위 모양의 액세서리 등 그 종류도 다양하다.

얼마 전에 일본에서 네트워크를 이용하여 커닝을 한 사건이 발각되어 사회문제가 되었는데 이 뉴스가 한국에도 전해져 화제에 올랐었다고 한다.

한국에서도 2004년도에 핸드폰을 이용한 집단 커닝 사건이 있었다. 이 때문에 2005년도부터 수험장에 핸드폰을 가지고 들어가는 것이 금지되었다고 한다. 한국은 특히 부정행위에 대해 엄격히 규제하고 있는데 부정행위를 하다가 적발된 자는 다음 해에도 시험에 응시할 기회가 박탈된다고 한다.

일본과 한국의 학원에 대해 살펴보자.

일본의 학원도 매년 늘고 있는 추세라고 한다. 예를 들면 유명 학원에 다니는 아이가 수업에 따라가지 못하자 이를 보충하기 위해 다른 학원에 다니며 공부한다. 즉, 두 개의 학원을 다니는 것이다. 매달 학원비도 10만 엔 정도가 드는데 이것은 결코 특이한 현상이 아니다.

한국은 일본보다 더 심하다. 한국 정부는 학원의 급격한 증가를 막기 위해 과도한 사교육 금지 조치를 내렸으나 효과 없이 계속 증가 추세를 보이고 있으며 지금에 와서는 세계에서 가장 학원이 번성한 나라가 되었다.

학원 설비도 마치 호텔을 방불케 할 정도로 화려한 곳도 있고 지도 방법 역시 상당히 앞서 있다. 가르친 아이가 서울대에 합격하면 과외 선생은 자동차를 선물로 받는다는 말도 있다.

한국 정부에서는 출신 대학에 따라 일생에 어느 정도의 소득이 발생하는가 등을 발표할 정도니 교육열이 높아지는 것은 당연한 현상이다.

여하튼 한국의 교육열이 높은 것은 사실이다. 예를 들면 일본의 내각부가 각국의 초등학교 학생을 대상으로 학교에 다니는 목적을 조사했다. 그 결과 한국의 경우는 '학력과 자격을 취득하기 위해서' 라는 대답이 가장 많았던 반면 일본은 '친구를 사귀기 위해서' 라는 대답이 가장 많았다. 미국의 경우 가장 많았던 대답은 '일반적인 기초 지식을 쌓기 위해서' 였다.

이처럼 한국에서는 어린 시절부터 이미 학력에 신경을 쓰는 풍조가 있다.

왜일까?

김웅용이 어렸을 때는 아직 확립되지 않았던 '영재교육' 이 국가적 차원으로 행해지게 된 것도 한 원인일 것이다.

'영재교육진흥법' 이 제정되어 이것에 의해 초, 중, 고에 영재 학교가 생겼다. 한국은 일본과 마찬가지로 이렇다 할 천연자원이 거의 없는 나라이다. 그래서 사람이 자원인 한국에서는 세계에 통용되는 우수한 인재를 길러내야 한다. 이를 위해서는 교육이 가장 중요하다고 인식하고 있는 것이다.

일본은 근래에 '유도리(융통성) 교육' 이라고 해서 입시 위주, 주입식, 암기 교육에서 벗어나 스스로 생각하고 해결하게 하는 여유 있는 교육을 해왔는데, 한국은 이렇게 여유를 부리지 않고 계속 교육에 열을 올리고 있다.

세월 속에 묻힌 단서

김웅용이 '21세기의 위대한 지성' 이 된 것을 당시 프로그램 감독이나 오오노 프로듀서 그리고 야노 켄타로 도쿄공업대학교 명예교수는 과연 알고 있을까?

아마도 나와 마찬가지로 모를 것이다. 한시 빨리 이 뉴스를 전하고 싶었다.

야노 교수는 18년 전에 이미 81세의 나이로 세상을 떠났다.

다음으로 후지TV의 OB명부를 펼쳤다. 그러나 방송을 담당했던 감독의 이름은 없었다. 삭제된 것인데 그렇다면 이것은 사망했다는 의미인가?

그러나 오오노 프로듀서의 이름은 실려 있었다.

바로 전화를 걸어 보았다. 전화벨 소리는 울리는데 아무도 받지 않았다. 외출이라도 한 것일까? 나는 오오노 프로듀서가 소속되어 있던 당시의 예능 2부에서 가장 나이가 어렸던 여성 타임키퍼 E를 생각해 냈다. 명부에서 E를 찾아 전화를 걸었다. 역시 전화벨은 울리는데 좀처럼 전화를 받지 않았다.

E는 젊은 시절 꽤 매력적이어서 데이트해 보고 싶다고 생각한 적이 있다. 하지만 한 번도 데이트 신청을 해본 적은 없었다. 그러고 보니 딱 한 번 다른 사람들과 같이 요쯔야(四谷)에 있는 식당에서 식사를 한 적이 있긴 하다.

상대방이 겨우 전화를 받았다. 엄청 무뚝뚝한 목소리였다. 내가 이름을 대자 "난 또 누구라고~" 퉁명스러운 말투였다. "용건이 뭐죠?" 마치 싸움을 걸어 오는 듯했다.

E는 특이한 경력의 소유자로 25세 때 회사를 그만두고 파리로 떠났다. 후지TV의 여성 사원의 정년이 25세이던 시절이었다. 파리에서 수년간 살았는데 거기서 타이완 남자를 알게 되어 함께 타이완으로 건너갔다.

타이완에서 타이완 어를 마스터한 후 일본에 귀국해서 후지TV 관련 회사에 취직해서 계속 일하다가 5년 전인 60세 때 정년퇴직을 했다. E는 말했다.

"그 프로(만국 깜짝쇼)의 타임키퍼는 내가 아니었어. 누구였더라. 그건 그렇고 PD였던 N한테 물어보면 알 텐데, 아 그렇지, N은 죽었지. 그럼 H에게 물어 보면 될까? H도 죽었던가. 맞다! W한테 물어 보면 알걸. 뭐? 몰라? 왜 있잖아, G의 전부인."

"G? 아~ 도쿄대 경제학과를 나온 사람. 주위에서 잉꼬부부로 유명했는데 이혼했어?"

E는 여기에는 대답하지 않고 "W에게 물어봐" 하고 전화를 끊었다.

G는 키도 작은 데다가 생긴 것도 별로인데 깜짝 놀랄 정도의 미인을 아내로 맞았다. 아마도 도쿄대라는 간판에 W가 끌린 것이 틀림없다고 당시는 마음 속으로 질투했었다.

여하튼 여자들의 네트워크는 대단하다. 회사를 퇴사해도 개인적인 것까지 알고 있으니 말이다. 특히 이혼이라는 단어에 대해서는 동물적 감각을 가지고 있는 듯하다.

〈만국 깜짝쇼〉의 스탭들이 거의 이 세상에 없는 것은 쓸쓸한 일이다. 장수하지 못하고 모두 젊은 나이에 세상을 떴다. 그러고 보니 후지TV의 선배가 이런 말을 한 적이 있다.

"방송국이나 신문사는 보통 회사와 달리 근무 시간이 불규칙하잖아. 게다가 시간과의 전쟁에서 오는 스트레스도 엄청나지. 바쁠 때는 연일 철야를 해야 하고. 그래서 오래 못 사는 거야. 혹시 후지TV 사원들의 평균 수명이 몇 살인지 알고 있어? 지금까지 죽은 사람들 수와 나이를 가지고 계산한 거야. 몇 살이라고 생각해? 글쎄 겨우 67세래. 월급이 아무리 많다고 해도 67세는 너무 한 거 아니야?"

그러고 보니 후지TV의 전속 의사들도 약속이라도 한 듯 모두 67세를 일기로 세상을 떠났다. 혹시나 싶어 말해 두지만 이 수치는 일정

기간에 한한 것으로 공식적인 것은 아니다.

오오노 프로듀서의 자택에 다음 날 아침 일찍 전화를 했다. 나이를 고려할 때 밤에는 일찍 잘 수도 있겠다 싶어서였다. 그러나 아무도 전화를 받지 않았다. 그래서 밤에 다시 한번 전화를 했지만 역시 연결되지 않았다. 아내와 어디로 온천 여행이라도 간 것일까?

후지TV가 개국한 지 벌써 50년이 흘렀다. 이것을 기념해서 '후지TV 50년사'에 관한 CD와 서적 등이 사원 및 OB에게 보내져 왔다. 나는 이것을 책장에 꽂아 놓은 채였다.

김웅용이 출연한 프로그램을 보기 위해 책장에서 집어 들었다.

책에 한국의 신동, 김웅용이라고 한 줄 써 있을 뿐이었다. CD도 봤지만 김웅용이 출연한 영상은 없었다. 무슨 이유인지 김웅용이 출연한 방송의 영상은 후지TV 아카이브 센터에도 남아 있지 않았다.

아버지에 대한 반발?

일단 단서를 잃어버렸지만 며칠 후 나는 2006년 9월 8일 김웅용이 게재된 중앙일보를 손에 넣었다. A2 크기로 38면의 꽤 두툼한 신문이었다.

제10면의 왼쪽 위에 있는 박스기사가 김웅용에 대한 기사였다. 그의 사진과 함께 게재된 이 기사는 가로 18센티미터 세로 20센티미터로 비교적 넓은 공간을 차지하고 있었다.

안경을 쓰고 하늘색의 세로줄무늬가 있는 와이셔츠에 베이지색 계통의 넥타이를 단정하게 매고 목에는 ID카드를 걸고 있었다.

어린 시절에는 얼굴에 웃음기가 없고 항상 무표정했었는데 이 사진 속의 김웅용은 인간적인 따뜻함이 느껴진다. 좋은 아빠, 행복한 가정의 가장이라는 느낌이 전해져 온다.

김웅용은 2006년 7월부터 충청북도 개발공사의 보상팀장으로 근무하고 있고 토목·환경 분야에서 '올해의 국제 교육자'로 뽑혀 영국의 국제 인명센터의 부이사장으로 선임돼 아시아를 대표하는 지성이 되었다고 신문기사는 보도하고 있다.

여기서 주목할 것은 김웅용이 아버지가 깔아놓은 레일인 물리학의 세계에서 토목공학의 세계로 궤도를 수정한 것이다.

자신의 꿈을 아들에게 의탁했던 아버지의 심경은 어떠했을까?

부모와 자식 간의 유대는 일반적으로 일본에 비해 한국이 더 깊다고 한다. 한국에서는 가장의 권위가 절대적이어서 자식이 부모에게 말대꾸를 하거나 반항하거나 하는 것은 생각하기 어렵다.

일본에서는 가끔 자식이 부모를 살해하는 반인륜적 사건이 일어나지만, 한국에는 거의 없다고 한다.

일본인의 눈에는 한국의 부모는 자식을 과보호하고 있는 듯 보이며, 자식 역시 부모를 지나치게 의존하고 있는 듯 보인다. 친척들 간에도 상부상조하는 정신이 일본보다 훨씬 강하다.

일본도 한국과 마찬가지로 유교 사상이 근간이 되지만 미묘한 차이가 있다. 즉, 일본인은 충성심에 그 중점을 둔 반면 한국인은 인애에 중점을 두고 있다.

일본인과 한국인의 차이는 집안에 큰 일이 있는 경우를 보면 쉽게 알 수 있다. 일본인은 업자에게 의뢰한다. 다른 사람에게는 물론 친척들에게도 부담이나 피해를 주고 싶지 않기 때문이다.

한편 한국에서는 친척들이 와서 도와준다. 친한 사이에서는 부담이라느니 피해라는 말은 존재하지 않는다고 한다.

어찌됐건 가장의 권위가 절대적인 한국에서 아버지가 깔아 놓은 레일에서 벗어나는 반발을 한다는 것은 아주 힘든 일이었는지 모른다.

이상의 사실을 감안한 후 김웅용에 대해 생각해보자.

어렸을 때부터 아버지의 희망, 즉 아인슈타인과 같이 세계적으로 명성 있는 물리학자가 되었으면 하는 바람 속에 김웅용은 자라났다. 그러나 그는 스무 살이 넘어 학문 분야를 이론물리학에서 토목공학으로 전환했다. 자신의 의지로 자신을 둘러싸고 있는 껍질을 깨고 밖으로 뛰쳐나온 것이다.

이 과정에서 당연히 아버지와 갈등이 있었을지도 모른다. 그러나 김웅용은 굴하지 않고 자신의 생각대로 행동한 것이다.

만약 그렇다면 김웅용은 정말 대단하다. 그렇기 때문에 그는 몰락하지 않고 '21세기 위대한 지성' 으로 되살아났는지도 모른다.

"천재소년이라는 딱지 때문에 스트레스를 너무 많이 받아 왔다. 평범하게 살면서 다른 사람들처럼 순수하게 학문과 업무적으로만 평가

받고 싶다."라고 김웅용은 중앙일보의 김방현 기자에게 말하고 있다.

이것은 아버지에 대한 반박이 아닐까? 아버지는 평범한 행복을 버리라고 했다. 천재는 천재의 길을 가야 한다고 했다.

천재소년이라는 타이틀을 매스컴이 마음대로 사용한 것이 아니다. 부친이 김웅용을 천재라고 매스컴에 말해왔던 것이다.

그렇다면 반복해서 말하지만 이 코멘트는 아버지에 대한 반발이라고 생각된다.

일본대지진과 '21세기의 위대한 지성'

한편 김웅용이 실린 중앙일보의 제17면 오른쪽 아래에 휠체어를 탄 천재 물리학자 스티븐 호킹의 기사가 있었다.

김웅용의 기사의 반 정도의 지면을 할애하고 있었다. 여담이지만 내용은 어시스턴트의 모집을 알리는 기사였다. 연봉은 4,200만 원으로 강연, 세미나 등에 관한 조수를 모집하고 있었다.

일찍이 '한국의 아인슈타인'으로 불렸던 김웅용. 한편 '아인슈타인의 재래(在來)'라는 말을 듣는 호킹. 두 사람이 같은 날짜의 같은 신문에 게재된 것은 무슨 인연 같은 것일까?

어쨌거나 김웅용의 기사를 쓴 중앙일보의 김 기자를 직접 만나서 조금 더 자세한 이야기를 듣고 싶었다. 그리고 이번에야말로 김웅용과 만나고 싶다고 생각했다.

이렇게 된 이상 한국에 갈 수밖에 없다.

그런데 한국에 갈 계획이 좌절되고 말았다. 3월 11일 일본대지진이 일어났기 때문이다.

개인적인 이야기이지만 조카와 조카딸, 그리고 조카딸의 자식이 미야기현 이시마키시와 히가시마츠시마시에 각각 살고 있었다. 두 개의 시가 모두 괴멸적인 피해를 입었고 사망자와 행방불명자를 합하면 1만 명이 넘었다.

조카들과 연락이 되지 않았다. TV에서 보여주는 영상은 지옥을 방불케 할 정도로 처참했다.

미증유의 쓰나미에 의해 제방은 파괴되고 집은 부서져 떠내려가고 도로는 붕괴되었다. 게다가 후쿠시마 원자력발전소 사고까지, 그야말로 역사상 최악의 재앙이었다. 원자력발전소는 세계의 주목을 받으며 연일 뉴스에 보도되었다. 특히 쓰나미의 위력은 상상을 초월했다. 물의 속도가 제트기 정도였다고 한다.

통신기기가 전혀 작동을 하지 않아 조카들의 안부조차 알 수 없었다. TV에서 중계하는 피난민들의 행렬 속에 조카들이 있지는 않을까 하는 마음에 매일 TV에서 눈을 뗄 수 없었다. 이렇게 열심히 TV를 본 것도 처음이다.

그런데……

물의 흐름, 도로의 붕괴, 원자력발전소 사고에 의한 환경오염이 하나의 선으로 연결되었다. 이 선 위에 김웅용의 모습이 있었다. 김웅용과 일본의 대참사가 연결된 것이다.

바로 김웅용의 전문 분야가 아닌가? 수리학, 토목·환경 분야의 아시아의 지성, 아니 '21세기의 위대한 지성'인 것이다.

그렇다면 일본의 부흥에 김웅용의 지혜가 필요하지 않을까?

나는 마치 꿈을 꾸듯 음~ 하는 신음 소리를 냈다.

김웅용과 만나면 여기에 대해서도 이야기해 봐야겠다. 그러나 그는 이상할 정도로 매스컴을 싫어한다고 한다.

이번에 한국을 방문할 때 사전 약속을 하지 말고 직접 찾아가 봐야겠다고 결심했다.

행방불명 13일째에 조카들이 모두 무사하다는 것을 확인했다.

나는 내 자신에게 미션을 부과하고 한국을 향해 출발했다.

제4장

2011년 봄, 한국

미시마 유키오와 김웅용

안전벨트를 착용하라는 안내 방송이 나왔다. 목적지까지는 66킬로미터. 앞으로 12분 뒤에 착륙이다. 고도가 점점 떨어지는 것이 느껴진다. 비행기 공포증이 있는 나는 긴장감으로 의자의 손잡이를 꼭 붙잡았다. 기체는 하얀 구름을 단숨에 돌파하더니 더욱 고도를 낮췄다.

비행기의 작은 창을 통해 살짝 아래를 내려다보니 한국의 산들과 빌딩의 숲이 선명히 보였다.

이 땅 어딘가에 2000년에 한 명 나올까 말까 한 천재가 있는 것일까? 전에 한국을 방문했을 때는 만나지 못했는데, 이번에는 과연 만날 수 있을까?

나는 지금까지 계속 김웅용을 뒤쫓았다. 그러나 좀처럼 그를 만날 수 없었다. 나에게 있어서 인물의 추적은 그 유명한 천재 작가 미시마 유키오 이후 처음이었다. 아니 미시마 유키오의 경우는 추적이라고 하기보다는 내가 좋아서 쫓아다닌 것이지만.

어쩌면 나는 '천재'에게 매력을 느끼는 경향이 다른 사람보다 강한 듯하다. 왜일까?

아마도 내가 우둔한 편에 속하기 때문이리라. 미시마 유키오가 세상을 떠난 후 잠깐 동안 열중할 인물이 나타나지 않았다. 그런 나에게 있어서 '2000년에 한 번 나올까 말까 한 천재'는 대단히 매력적인 인물이었던 것이다.

코우라쿠엔에 있는 헬스클럽에서 미시마 유키오를 처음 만났을 때의 인상을 나는 당시의 일기에 이렇게 적었다.

"보통 사람들과 확연히 다르다. 많은 사람 중에 그의 눈빛만이 빛나고 있었다. 광선총 같은 그 눈 속에 빨려 들어가 버릴 것 같았다. 한 점의 티도 없는 호수같이 맑은 눈동자였다. 거기다 사람을 꿰뚫을 것 같은 힘이 있었다. 반짝반짝해서 그야말로 보통 사람들과는 다른 눈이었다. 기사와 같이 하얀 타이즈 차림의 그는 경사 45도의 운동기구에 누워서 22.5킬로그램의 역기를 양손으로 잡았다. 근육을 단련하기 위해 온몸에 힘을 준다. 얼굴색이 살짝 붉게 변한 것이 호소에 에이고우 씨의 사진집 『장미형』에 나오는 모델의 눈과 똑같았다. 천재의 눈을 역력히 목격한 기분이었다."

눈에 관해 말한다면 아쿠타가와 류노스케를 만났던 코지마 마사지로도 이렇게 적고 있다.

"'이런 얼굴이 신동의 얼굴이구나' 하고 생각했다. 말로 표현하기 어렵게 맑고 투명한 눈이었다. 날카롭고 윤기가 있었으며 지혜로 가득 차 있었다. 여자처럼 긴 속눈썹이 수려한 용모에 일말의 음영을 더하고 있었다. 이 사람은 보통 사람이 아니다. 이렇게 훌륭한 외모를 가진 사람을 나는 지금까지 만난 적이 없다."

장편 『잃어버린 시간을 찾아서』의 천재 작가, 프랑스의 마르셀 프루스트의 눈에 대해서 에드몬드 자르는 이렇게 표현했다.

"그의 눈은 다른 사람의 눈을 끌어들인다. 멋진 여성적인 눈. 동양적인 눈으로 애정이 넘치고 있었고, 불타는 듯이 요염한 눈이었지만 수동적인 느낌이 있어서 암사슴 혹은 영양의 눈을 연상시켰다. 그의 눈두덩이는 약간 살이 붙어 있었는데 눈 전체가 적갈색으로 그늘져 있었다."

천재 작가는 눈이 다른가 보다 하고 생각했었다. 참고로 나는 주간지 기자 시절에 작가인 모리무라 세이치 씨와 같이 일한 적이 있는데 그는 맑고 아름다운 눈을 가지고 있었다. 그리고 작가 미요시 토오루 씨도 마찬가지로 아름다운 눈의 소유자였다.

한편 썩은 동태 눈 같은 내 눈으로는 좋은 문장은 못 쓸 것 같다는 생각에 약국에 뛰어들어가 충혈된 눈에 넣는 안약을 구입했다. 그리고는 눈에서 안약이 뚝뚝 떨어져 흐를 정도로 넣은 적도 있다. 그러나 충혈된 눈이 일시적으로 푸른 색을 띠며 맑은 눈이 되었지만 한 시간도 채 되지 않아 다시 썩은 동태 눈으로 돌아왔다. 효과 없는 어리석은 저항이었다.

앞에서 미시마 유키오의 눈에 대해 말했는데 실은 그의 학습원 고등과 시절의 사진 중에 안경을 쓰고 찍은 사진이 남아 있다. 근시가 꽤 심한 듯 도수가 있는 타원형의 안경을 쓰고 있었다. '근시였지만 평소에는 안경을 쓰지 않았다.' 라는 주석이 달려 있었다.

그러나 바로 앞에서 몇 번이나 미시마 유키오의 눈을 봤지만 콘텍트 렌즈를 끼고 있는 것 같지는 않았다. 오히려 시력이 2.0 아니 사바

나에 사는 사람들과 같이 6.0쯤은 되어 보이는 눈이었다.

지금처럼 근시를 고치는 수술이 없던 시대였다. 아니 혹시 다른 나라에서 수술이라도 받은 것일까, 아니면 자연스럽게 근시가 고쳐진 것인가? 나에게 있어서는 수수께끼같이 느껴졌다.

미시마에 대한 논문은 많이 있지만 눈에 대해서 언급한 것은 지금까지 전혀 없다.

여전히 가로막고 있는 부모라는 장벽

다시 본론으로 돌아가서 내가 탄 대한항공 2712편은 겨우 착륙했다. 착륙의 충격으로 몸이 전후 좌우로 흔들린다. 마치 일본대지진을 생각나게 하는 흔들림이었지만 공포심은 없었다. 드디어 착륙한 것이다. 비행기 공포증이 있는 나이기에 착륙의 기쁨은 이루 말할 수 없었다.

잠시 기내에서 기다리는 동안 착륙했다는 안심감 탓인지 하품이 나왔다.

김포공항에서 나는 입국 시에 일본인에 대해서 방사능 측정기로 체크를 할 것이라고 생각했다. 그러나 아무 검사도 없었다. 후쿠시마 원자력발전소 사고 뉴스는 기내에서 본 동아일보에서도 톱 뉴스로 다루고 있었고 한국의 126개의 초, 중학교에서는 방사능 비가 내릴 수도 있다는 판단에 휴교 중이라고 했기 때문이다.
　입국장에는 인산인해를 이룬 사람들이 원을 그리듯이 서 있었고 각각의 손에 플래카드를 들고 있었다.
　플래카드에는 손님의 이름이 적혀 있다. 한 바퀴 둘러보자 약간 왼쪽편에 통역 겸 코디네이터가 기다리고 있었다. 검은 판탈롱을 입은 중년 여성이었다. 사전에 서로 연락을 주고 받았고 갈 곳도 이미 팩스로 알려준 상태였지만 간단히 다시 설명을 했다.
　첫 번째로 방문할 곳은 서울시내에 있는 중앙일보사였다. 김웅용의 기사를 쓴 김방현 기자를 만나 그의 정보를 더 알기 위해서였다.
　나를 태운 회색 밴은 한강을 건너 잠시 강가를 따라 달리더니 다시 한강을 건넜다. 어디를 어떻게 가고 있는지 도무지 알 수가 없었다. 하여간 차가 엄청 많았다. 서울 중심가에 접어들자 차가 더욱 많아졌다. 클랙슨 소리가 여기저기서 들려온다. 사고가 나지 않은 것이 신기할 정도로 차들은 속력을 내어 달렸다.
　중심 도로에 깜짝 놀랄 정도로 큰 거대한 동상이 있었다. 통역자에 의하면 한글을 만든 세종대왕이라고 한다. 그 전에도 저 건물은 전쟁기념관, 이 건물은 세계문화유산 하며 여러가지 설명을 했지만 나는 멍한 상태로 듣고 있었다. 내 머릿속에는 김웅용에 대한 생각으로 가득했기 때문이다.
　드디어 중앙일보사 근처에 도착했다. 근처에서는 초고층 빌딩을 짓고 있었다. 한국에 입국한 후 건설 중인 공사 현장을 몇 곳 보았는데, 한국의 다이나믹함이 느껴졌다.

이 일대는 중앙일보사를 중심으로 많은 삼성 계열의 회사들이 늘어서 있었다. 물론 중앙일보 역시 삼성 계열이라고 통역자가 말했다.

중앙일보사는 와인색의 21층 빌딩이었다. 과연 한국을 대표하는 신문사답게 위풍이 당당하다. 3층부터 6층까지 그리고 21층을 중앙일보사가 사용하고 있다고 한다. 다른 계열의 방송국도 이 건물 안에 있었다.

커다란 회전문을 통해 안에 들어가자 정면에 안내처가 있었고 여러 명의 엄격해 보이는 경비원들이 감시의 눈을 빛내며 서 있었다.

1층의 안내 데스크에서 김 기자에게 연락을 취했으나 "지금 김 기자가 어디 있는지 아는 사람이 없으니 오후에 다시 연락해 달라"는 말을 들었다. 실은 일본에서 김 기자에게 연락을 취했으나 좀처럼 연락이 닿지 않아 결국 김웅용의 경우와 마찬가지로 사전 약속을 잡지 않고 한국에 온 것이다.

할 수 없다. 그러나 오후까지 여기서 기다릴 수도 없는 노릇이었다.

어떻게 할까?

그러자 통역자가 충북개발공사에 가지 않겠느냐는 제안을 해왔다. 김웅용이 일하고 있는 곳에 지금 바로 가자는 말이다.

서울에서 차로 약 세 시간 이상 걸린다고 한다. 그러나 지금 가도 본인이 있을지 없을지 모르는 일이다. 만약 없다면 그야말로 시간 낭비가 될 것이다.

아니, 시간 낭비라면 지금까지도 많이 경험해 왔기 때문에 아무렇지도 않다. 시간 낭비라기보다는 왠지 지금 가면 좋은 결과가 나올 것 같지 않았다.

그래서 건국대학교에 가기로 했다. 의학부를 포함한 사립 종합대학으로 일찍이 김웅용의 부친이 물리학과장으로 일했었다. 김웅용의 부친은 웅용을 위해 대학 내에 천재아동교육연구소를 설립하여 웅용뿐만 아니라 남동생과 여동생까지 입소시킨 것은 앞에서 이미 언급했다.

28년 전 김웅용의 모친은 앞으로 2~3년 안에 남편이 학장이 될 것이라고 했었는데 과연 학장이 되었는지 확인하고 싶기도 했다.

회색 밴은 다시 한번 차가 많은 서울 시내를 달렸다. 오른쪽 왼쪽으로 돌고 돌아 겨우 건국대학교 문 앞에 도착했다. 문 앞에서 수위로부터 체크를 받았지만 통역자가 뭐라고 말하자 통과시켜 주었다.

밴에서 내려 교무과를 향해 걸어갔다. 학교는 전에 방문했을 때보다 훨씬 정리가 잘 되어 있었다. 마치 유서 깊은 정원 같은 느낌의 캠퍼스였다.

일감호라고 하는 커다란 인공호수 주위에 나무들이 늘어서 있었다. 교정의 벚꽃은 80% 정도 개화한 상태였고 오가는 학생들은 희망이 넘치는 밝은 표정을 짓고 있었다.

교무과에 문의해 보니 김웅용의 부친은 학장이 되지 않았다. 2000년도에 이 대학을 정년퇴직하여 지금은 명예교수라고 한다.

"퇴직한 후에 어딘가 외국에 간다고 했습니다만."

그러면서 젊은 남자 직원이 어딘가로 전화를 걸었다.

그리고는 갑자기 통역자를 불러 전화를 받으라고 했다. 통역자가 전화를 받자마자 매우 공손한 자세가 되었다. 그도 그럴 것이 전화 상대는 다름 아닌 김웅용의 부친이었던 것이다. 김웅용의 부친은 일본어를 잘 못하기 때문에 내가 직접 전화를 받지는 못했다.

통역자에 의하면 김웅용의 부친은 다음과 같이 말했다고 한다.

"오늘 오후에 중국으로 출국한다. 귀국은 1주일 후이다. 웅용을 만나고자 하는 일본인이 있다면 내가 먼저 그 인물과 만나 본 후에 결정하겠다. 그 인물이 웅용과 만나도 괜찮은 사람이면 웅용에게 연락하겠다. 어차피 1주일은 기다려야 한다."

김웅용의 부친은 77세, 한국 나이로 한다면 79세이지만 목소리에 힘이 있어서 나이보다 훨씬 젊게 느껴졌다고 통역자는 말했다.

김웅용의 부친의 말투가 마치 김웅용의 매니저나 프로듀서 같다고 느껴졌다. 가장 좋은 아빠는 아이의 재능을 발견하여 그것을 개발시켜주는 프로듀서적인 인물이라고 말하는 사람도 있다.

그러나 김웅용은 이미 48세이다. 아이가 아닌 것이다. 이렇게까지 개입할 필요는 없지 않나 하는 생각이 들었다.

김웅용의 부친이 귀국할 때까지 기다렸다가 면접을 볼 만한 시간적인 여유는 없었다. 하여간 그는 학장은 되지 않았다. 그는 자신의 아이를 위해 대학 내에 기관을 만들기도 하고 웅용을 은닉하기 위해 고집스럽게 매스컴의 취재를 거부하는 등 꽤나 개성적인 성격의 소유자인 것은 틀림없었다.

나는 통역자, 운전사와 함께 이른 점심을 먹고 다시 중앙일보사를 향하여 출발했다.

이것이 한국의 영재교육

다시 한번 본사의 안내 데스크에서 김 기자에게 연락했다. 그랬더니 김 기자는 인사이동으로 중부 본부에 있다는 대답을 들었다. 중부 본부는 대전 시내에 있는데 서울에서 차로 두 시간 걸린다고 한다. 간다고 해도 만나지 못하면 그야말로 헛수고이다.

이후 김 기자에게 전화 연락이 되었지만 바빠서 시간을 낼 수 없다고 했다.

할 수 없다. 포기할 수밖에 없다.

출발이 그다지 좋지 않다. 며칠 전부터 한국에는 황사가 와서 시야가 흐렸는데 한국에 도착하자마자 내 마음도 황사로 뒤덮인 것 같은 형세였다. 우선 중앙일보사 내에 있는 커피숍에서 차를 한잔 하면서 머리 속을 정리하기로 했다.

지금 김웅용의 직장이 있는 충청북도에 가는 것은 조금 늦은 감이 있다. 그렇다면 어떻게 하면 좋은가?

아이스 티를 마시면서 생각한 끝에 서울시 교육청에 가기로 했다. 김웅용의 어린 시절에는 영재교육 시스템이 없었지만(사적 기관 제외) 현재 한국에서는 정부가 영재교육에 힘을 쏟고 있기 때문이다.

서울시 교육청은 하얀색의 커다란 건물이었다. 건물 6층에 미래교육 인재부가 있다.

영재 팀의 김규상 장학사에게 한국의 영재 교육 시스템에 대해 물었다.

그의 말에 의하면 현재 한국의 초, 중, 고등학교에 영재학교가 있는데 예를 들면 서울 시내에는 도합 15,800명이 영재학교에서 공부하고 있다고 한다. 이것은 학생 전체의 1.2%에 해당한다. 서울시는 2001년부터 영재학교가 생겼고 전국적으로는 1998년부터 영재학교가 생겼다고 한다.

전국적으로 보면 현재 약 8만 명이 영재학교에서 공부하고 있으며 이것은 전체의 1.6%에 해당된다고 김 장학사는 말했다.

영재학교는 고등학교까지 있고, 졸업 이후에는 서울대학교나 KAIST(한국과학기술원)에 진학하는 경우가 많다고 한다.

영재학교가 생긴 지 10년이 지났고, 여기서 공부한 인재는 박사가 되어 한국 내외에서 활약하고 있다고 했다.

"김웅용 씨가 지금 시대의 초등학생이나 중학생이었다면 그 재능이 더욱 개발되었을 것입니다. 당시에는 국내에 영재교육 시설이 없었습니다. 이런 의미에서 생각해 보면 국가적으로 커다란 손실이었습니다."
라고 김 장학사는 말했다.

김 장학사가 이런 말을 하긴 했지만 김웅용은 현재 '21세기의 위대한 지성'이 되어 있지 않은가. 그런데 왜 '실패한 천재'의 이미지를 가지고 말하는 것일까? 사람은 한 번 꼬리표를 붙이면 좀처럼 그 이미지에서 벗어나기 어려운 것인가.

서울에는 단 한 개의 영재고등학교가 있는데 바로 국립 서울과학고등학교이다. 경쟁률이 20 대 1이라고 한다. 시험 내용은 학생기록물 평가와 영재성 및 창의적 문제 해결능력 평가 그리고 2박 3일 동안 행하는 과학캠프를 통한 행동 평가로 합격 여부를 결정한다고 한다.
　통역자의 중학생인 조카도 올해 영재고등학교에 응시하기 위해서 공부 중인데 학교 수업 후에 매일 오후 5시부터 10시까지 학원에 다니며 맹렬히 공부하고 있다고 했다. 열심히 공부하지 않으면 합격하기 어렵다고 통역자는 말했다.
　영재고등학교를 방문했다. 작년까지는 국립 과학기술고등학교였는데 지금은 명칭을 국립 서울영재과학고등학교로 바꿨다.
　학교는 조금 높은 지대에 있었는데 현관 앞에 '예지의행' 이라는 문자가 새겨진 비석이 서 있었다. 운동장은 학교 건물 아래쪽에 넓게 펼쳐져 있었다.
　이 고등학교는 전원 기숙사 생활을 한다. 전교생은 340명으로 한 반 정원이 15명이라고 한다. 이 날은 교장이 어딘가의 교육 관계자 십수 명을 데리고 교내를 안내하고 있었다.
　통역자는 바로 "안녕하세요"라고 교장에게 말을 건넸다. 조카의 입학을 기원하며 교장에게 인사를 건넨 것일까?
　이 학교에 재학 중인 2학년 남학생에게 앞으로의 진로를 간단하게 물어보았다.
　"졸업 후 서울대학교에 진학하고 싶다."
라고 대답했다.

또 다른 여학생(2학년)에게도 물어보았더니 역시 서울대 진학을 희망했다.

이공계 대학으로는 최근 KAIST(한국과학기술원)의 인기가 높아지고 있으며 서울대보다 성적이 더 좋아야 입학할 수 있다고 말하는 사람도 있다.

우수한 이공계 학생은 서울대보다 KAIST에 진학하는 경향이 있어서 서울대는 이공계 부분에 내실을 기하기 위해 힘을 쏟고 있다고 한다. 이 때문에 서울대가 다시 인기를 얻고 있다고 어느 교육관계자는 분석하고 있다.

한국에서는 연일 KAIST에 관한 뉴스가 계속되고 있었다. 2011년 들어 계속되는 학생들의 자살에 이어 교수도 스스로 목숨을 끊었기 때문이다.

한국의 미디어에서는 엘리트 학생이 자살한 원인이 '극단적인 성적 지상주의'라고 보고 있다. 이 사건에 의해 엘리트 교육의 옳고 그름을 둘러싼 논의가 거세게 일고 있었다.

KAIST에 새로운 학장이 취임하여 새로운 제도를 도입했다. 새로운 제도란 모든 수업을 영어로 강의하고 성적이 부진한 학생에게는 추가로 학비를 징수한다는 것이다.

이 학교의 학비는 원칙적으로 나라에서 부담하지만 성적이 기준에 미치지 못한 학생은 최고 600만 원(일본 돈으로 50만 엔)의 수업료를 내야 한다는 규칙이다. 자살한 학생은 모두 성적 부진으로 힘들어하고 있었다고 한다.

특히 한국 매스컴에서 '로봇영재'로 불렸던 학생의 경우는 영어 수업을 따라가지 못해 학점이 미달되었고 이로 인한 수업료 지불에 대한 부담과 함께 주위의 기대를 저버렸다는 이중의 스트레스에 시달린 것으로 알려졌는데 이것을 자살의 원인으로 보고 있다.

그리고 교수의 경우는 작년 'KAIST 최우수 교수'로도 선정되었던 엘리트 교수였으나, 연구비 횡령을 둘러싼 의혹에 시달린 것이 원인이라고 한다.

성적만을 과하게 추구하고 있을 뿐 인간적인 정이 없다며 학장을 비난하는 목소리가 많으나 현재 학장은 새로운 제도를 철회할 생각도 없고, 사임할 의사도 없다고 매스컴을 통해 밝혔다.

이번 사건은 학력 경쟁사회가 일으킨 한국 교육계의 한 단면이다.

만날 수 있다, 만날 수 없다, 만날 수 있다…

한편 나는 통역자, 운전사와 삼계탕을 먹고 호텔에 체크인을 했다. 내일 드디어 김웅용의 직장으로 직행하는 것이다.

8층에 있는 객실에 들어가 침대에 쓰러지듯 누웠다. 정신을 차리고 보니 잠시 그대로 잠이 든 모양이었다. 일어나 욕실에서 샤워 후 냉장고에서 캔맥주를 꺼내 객실에 비치되어 있는 땅콩과 함께 먹었다.

김웅용과 만나면 좋겠지만 만약 만나지 못한다면…… 운이 없었다고 포기할까? 옛날 말에 포기할 줄 아는 것도 중요하다는 말이 있지 않은가, 라는 생각을 하며 TV 스위치를 켰다. 후쿠시마 원자력발전소 사고는 레벨7로 이것은 체르노빌과 같은 정도의 사고라는 뉴스가 흘러나왔다.

편안한 자세로 TV를 보고 있어도 컨디션이 그다지 좋아지지 않았다. 조금 불결한 이야기여서 미안하지만, 나는 한국에 입국한 이래 신경성 변비에 걸린 것 같다. 맥주를 마셨지만 전혀 효과가 없었다. 그래서 약을 사기 위해 밖으로 나왔다.

예전에 한글을 반 년 정도 공부한 적이 있어서 조금은 할 수 있지 않을까 싶어 행인들에게 서툰 발음으로 물어보았다.

"약국 어디입니까?"

그러나 모두 고개를 갸우뚱거리며,

"모르겠어요."

라는 대답뿐이었다. 할 수 없이 호텔로 돌아왔다. 결국 호텔 종업원이 약국의 위치를 가르쳐주었다. 그런데 변비라는 한국말을 몰라 판토마임을 하는 것처럼 손짓 발짓을 하며 설명했으나 호텔 종업원은 전혀 모르겠다는 표정을 지었다. 여하튼 이 호텔 종업원이 친절하게 약국까지 안내해 주었다.

약국에서 다시 한번 판토마임을 하자 약국 주인인 듯한 중년의 여자가 "아, 변비"라고 했다. 그리고 나서 일본어로 "관장?"이라고 묻기에 고개를 옆으로 저었다. 여자는 배를 잡고 웃으며 "한 개? 두 개?"라고 물어서 두 개라고 대답했다. 왜 변비라고 하면 웃는 것일까? 이해가 되지 않았다.

여하튼 괴로움에서 벗어나기 위해 빨리 약을 먹으려고 호텔로 돌아왔다.

내일이야말로 운이 좋을까라는 생각을 하며 잠이 들었다.

아침 9시에 호텔을 출발해서 벌써 30분이 흘렀다.

이 날은 드디어 2000년에 한 번 나올까 말까 한 천재라고 불렸던 인물의 직장에 가는 날인 것이다.

한국에 온 것은 '환상의 인물' 김웅용과 만나고 싶다, 이 생각 하나만으로 온 것이다. 반복해서 말하지만 사전 약속은 하지 않고 운을 하늘에 맡기고 온 것이다. 사전 약속을 하지 않은 것은 미리 연락을 해서 약속이라도 잡을라 치면 '됐습니다' 라며 거절당할 우려가 있기 때문이다. 김웅용은 '천재' 라는 말과 결부되는 것에 트라우마가 있는 듯했다.

사전 약속을 하지 않고 온 것이 잘한 일인지 잘못한 일인지는 신만이 알고 있다. 통역자가 '모험이네요' 라며 쓴웃음을 지었다.

모험이니만큼 아침부터 마음이 불안하여 안절부절 못하고 있었다. 목적지인 충청북도개발공사까지 약 130킬로미터.

회색 밴은 올림픽대로를 달리고 있다. 고속도로임에도 불구하고 막힐 정도로 차가 많았다.

왼편에는 한강이 천천히 흐르고 있다. 밴은 한강을 따라 남동쪽으로 진행했다. 적갈색 철교가 보였다. 길이 1.5킬로미터의 성산대교

다. 밴은 이 철교 아래를 지났다.

통역자에 의하면 한강을 끼고 남과 북으로 나뉘어져 있는데 남쪽이 땅값이 비싸고 돈 많은 사람이 많이 살고 있다고 한다. 한편, 북쪽에는 오래된 집과 맨션이 섞여 있다. 오래된 집에 사는 사람 중에는 세 들어 사는 사람도 있지만 개발을 위해 퇴거 요청을 받고도 적정 보상금 액수가 결정되지 않아 좀처럼 움직이지 못하는 사람도 있다고 한다. 그래서인지 초근대적인 풍경과 오래된 가옥이 섞여 있는 광경은 약간 기이한 느낌마저 주었다.

한국 내에서 가장 높은 빌딩은 삼성 타워팰리스로 72층 건물이다. 다음이 69층, 세 번째가 지금 왼쪽 전방에 보이는 63빌딩이라고 통역자가 설명했다.

한국에서는 현재 여섯 곳의 장소에서 100층 이상의 초고층 빌딩 건설을 계획 중이라고 한다. 일본에 비해 한국은 지진이 적어 초고층이어도 그다지 불안하지 않을지도 모른다.

한강변을 따라 벚꽃이 피어 있었는데 만개까지는 아직 시간이 더 필요한 듯했다.

이 날은 날씨는 좋았지만 황사의 영향으로 푸른 하늘에 안개가 낀 것 같았다.

올림픽대로에서 경부고속도로에 접어들었다. 그럼에도 불구하고 여전히 차는 많다. 이윽고 빌딩 숲이 사라지더니 거친 산들이 나타났다. 고속도로 전방에 유달리 커다란 간판이 눈에 들어왔다. 한국 축구계의 슈퍼스타 맨체스터 유나이티드 소속의 FW 박지성으로 축구공을 들고 있었다.
 주위가 논밭이어서 그런지 박지성의 대형 간판은 한층 두드러져 보였다.
 왼쪽 전방에는 두 개의 연통이 보였다. 그 중 하나에서 하얀 연기가 피어 오르고 있다. 밴은 날듯이 씽씽 달렸다. 그건 그렇고 한국은 차가 많다. 서울 시내는 물론 지방 고속도로까지 차로 가득하다. 한국의 다이나믹함을 다시 한번 느꼈다.
 비닐하우스가 한낮의 태양을 받아 번쩍이고 있었다. 그 근처에서 새 두 마리가 먹이를 찾고 있는 것이 보였다.
 과연 만날 수 있을까? 아니면 만나는 것이 불가능할까? 비행기 안에 있을 때부터 계속 이 생각뿐이었다. 일본에 있을 때는 만날 수 있다, 분명 만날 수 있다고 생각했다. 강하게 원하면 이루어진다고 그렇게 믿고 있었다. 그러나 일본을 뜨는 그 순간부터 왠지 마음이 약해져 버렸다.
 밴 안에서 노트를 꺼내 들고 애들 장난처럼 바보스런 게임을 했다.
 ―만날 수 있다, 만날 수 없다, 만날 수 있다, 만날 수 없다, 라고 노트에 적다가 멈춘 곳에 적힌 대답을 취하는 게임. 여자아이들이 꽃잎을 한 장 한 장 떼며 좋아한다, 아니다, 좋아한다, 아니다 하는 것과 같은 것이다.
 '만날 수 있다, 만날 수 없다'의 결과는 3승 3패였으나 결승전은 무서워서 하지 않았다. 이것을 보고 있던 통역자가 쓴웃음을 짓더니
 "만날 수 있어요. 10분이라도 괜찮으니까 그분과 꼭 만나요."

라고 했다. 통역자도 운전사도 김웅용에 대해서는 거의 알지 못했다.

배용준이나 최지우 혹은 이병헌 같은 한류 스타를 좇는다면 이해할 수 있을 것이다. 그런데 한류 스타도 아니고 50대가 되어가는 중년 남성을 열심히 추적하는 나를 별난 사람이라고 생각하고 있는 듯했다.

밴을 타고 달린 지 약 두 시간이 지났다. 시각은 낮 12시 30분. 이윽고 휴게소가 보였고 우리는 거기서 점심을 먹기로 했다.

넓은 식당 안에는 많은 트럭 운전사, 영업용 차 관계자들이 점심을 먹고 있었다. 나와 운전사는 비빔밥을, 통역자는 냉면을 먹었다.

30분 후 밴은 다시 목적지를 향해 달리기 시작하더니 바로 터널로 들어갔다. 산이 많아 터널도 많았다. 네 번째 터널은 무척 길었는데 빠져나오니 논밭이 펼쳐져 있었다. 논밭이라고 해도 아직 초봄이라 초록빛 식물이 있는 것이 아니고 마른 흙덩어리뿐이었기 때문에 얼핏 보면 황야같이 보였다.

김웅용의 직장에 도착

충청북도 보은군 삼승면 일대에 148만 4,464평방미터 규모의 첨단 산업단지가 조성된다고 한다. 2013년을 목표로 조성될 계획이다. 오송생명과학단지와 오송제2생명단지 등이 들어서는데 그야말로 국가적인 사업이다. 조성이 끝나면 지역 경제 활성화에 크게 공헌할 것으로 기대하고 있다.

동아일보(2006년 3월 22일)에 의하면 충청북도는 "소백산, 월악산, 속리산이 병풍처럼 펼쳐져 있고 맑은 물을 머금은 충주호와 대청호는 머물 듯 굽이쳐 한강과 금강을 잉태한 산자수명한 아름답고 청정한 고장"이라고 표현되어 있었지만 주위를 둘러보면 황량한 산과 논밭이 두드러진다.

그러나 국토의 중심부에 위치하고 있으며 한국 경제의 중심지로 부상하고 있다고 한다.

행정중심 종합도시의 관문 청주국제공항, 고속철도(KTX) 오송역, 격자형 도로 등 사통팔달로 교통망이 정비되어 전국 어디서나 한번에 갈 수 있다.

첨단산업단지 조성 공사를 김웅용이 일하고 있는 충청북도개발공사가 시공한다고 한다.

이십수 년 전 김웅용을 찾아 한국을 돌아다녔을 때는 결국 만나지 못했었다. 당시는 한국 매스컴도 추적을 단념하고 있었다. 동아일보사의 일본특파원인 정구종 기자(현재, 대학교수)는 일본인이라면 만나줄지도 모른다고 했지만 결국 만나지 못했다. 이번은 그 때의 설욕을 위한 것이다.

이제 한 시간 정도 있으면 김웅용이 있는 곳에 도착할 것이다.

비록 도착한다 하더라도 사무실에서 근무 중일까? 출장 중일까? 해외에 나가 있을 가능성도 있다. 그는 '21세기의 위대한 지성'으로 선정되어 국제적으로도 인정받고 있고 영국의 국제인명사전센터(IBC)가 뽑은 '21세기 우수 과학자 2000인'으로도 선정되었다. 그래서 국제적인 일로 바쁠지도 모른다. 해외 출장 가능성도 충분히 생각할 수 있다.

이번에 만나지 못하면 영원히 못 만날지도 모른다. 그런 기분마저 들었다.

늦은 점심 식사 후 운전사는 기운이 난 것인지 트럭을 차례차례 추월하며 능숙한 운전 솜씨를 보였다. 가도 가도 산뿐이었다. 앞에 있는 조금 높은 산 위에 정자처럼 생긴 건물이 보였다.

차를 달린 지 세 시간 반이 흘러서야 겨우 고속도로를 벗어나 일반도로에 진입할 수 있었다. 주위에는 여전히 논밭뿐으로 빌딩 같은 건물은 눈에 띄지 않았다.

차는 우회전 좌회전을 반복하며 달렸다. 운동장에서 축구하는 젊은이들이 차창 밖으로 보였다.

밴은 운동장 옆을 지나 약간 경사진 길을 속도를 줄여가며 전진했다. 그러자 갑자기 공원 같은 느낌의 장소가 펼쳐졌다. 지금까지는 주위가 마른 흙덩어리뿐인 논밭이었는데 분위기가 순식간에 바뀐 것이다. 나무들도 가지런히 보기 좋게 심어져 있었다.

왼쪽편에 초현대적인 3층 건물이 우뚝 솟아 있었다. 예술적인 느낌의 건물이었다. 김웅용이 근무하는 충북개발공사라고 생각했는데 아니었다. 통역자가 학생문화시설이라고 했다. 밴은 이 건물 뒤를 돌아 넓은 주차장에서 멈췄다.

통역자가 말했다.

"도착했습니다."

"개발공사는 어디입니까?"

내가 묻자,

"바로 앞에 있는 건물입니다."

하고 대답했다. 고층 건물을 생각하고 있었는데 단층의 비교적 소박한 건물이어서 깜짝 놀랐다. 그도 그럴 것이 이 건물은 임시 청사라고 한다.

건물 정면에 있는 세 개의 기둥에는 깃발이 바람에 펄럭이고 있었다. 펄럭이고 있는 깃발은 한국의 국기와 충북개발공사의 깃발일까?

제5장
드디어 찾았다!

김웅용은 "안에 있습니다"

이렇게 해서 겨우 나는 김웅용의 직장까지 온 것이다. 일본에서 서울까지 약 1,182킬로미터, 서울에서 충북개발공사까지 130킬로미터, 도합 1,300킬로미터 정도의 거리를 달려왔다.

과연 이 단층건물의 임시 청사에 원하는 인물이 있을 것인가? 없을 것인가?

2000년에 한 명 나올까 말까 한 천재라고 일컬어졌던 환상의 인물이……. 나는 주문을 외우는 것처럼 '있을까? 없을까? 출장 중일까? 근무 중일까? 아니면 회의 중일까?' 라고 계속 중얼거렸다.

곧 결론이 나온다.

갑자기 심장이 두근거리기 시작했다. 호흡을 고르기 위해 우선 건물 사진을 찍었다.

그리고 건물 안으로 들어갔다. 통역자가 먼저 들어가고 나는 그 뒤를 따랐다.

김웅용은 대관절 어떤 부서에 있을까? 중앙일보 기사에는 '보상팀장' 이라고 적혀 있었지만 이것도 5년 전 일이다.

사무실에서 사원이 나올 때마다 나는 깜짝 놀랐지만 통역자는 태연하게 "안녕하세요"라고 인사를 했다. 그리고 사원 한 명에게 "김웅용 씨는 어느 부서입니까?'라고 묻고 있는 듯했다.

질문을 받은 남자사원은 '그런 사람 없습니다'라고 말한 것은 아닐까? 한국어를 전혀 모르는 상태여서 그런지 모든 것을 부정적으로 해석하게 된다.

잠시 후 통역자가 웃는 얼굴로 "기획홍보부 부장이래요"라고 했다. 하나의 장벽을 넘은 것 같아 안심의 한숨을 내쉬었다.

각 사무실의 부서명이 적혀 있었으나 한글이어서 통역자가 나에게 소리를 내어 읽어주었다.

"사업개발부, 아니고 사업계획부, 여기도 아니고, 경영관리부, 여기도 아니고……"

각 부서를 하나하나 체크해가며 천천히 복도를 걸어나갔다.

갑자기 통역자가 어떤 사무실 앞에서 발을 멈췄다. 그리고 소리를 죽여 내 귓가에 "여기가 기획홍보부예요"라고 속삭였다.

김웅용이 소속되어 있는 부서였다. 다시 긴장감과 불안감이 밀려왔다.

문 저편에 과연 그가 있을까? 아니면 없을까?

통역자는 바로 안으로 들어가려고 하지 않았다. 나도 문 앞에서 잠시 멈춰서 있었다. 잠시 뒤에 갑자기 문이 열리더니 안에서 30대의 남자사원이 나왔다. 넥타이에 와이셔츠 소매를 걷어 올린 차림을 하고 있었다. 재빨리 통역자가 말을 걸었다.

"안녕하세요. 미안합니다만 김웅용 씨 안에 계신가요?"

남자사원은 손가락으로 문을 가리키며

"안에 있습니다."
라고 퉁명스럽게 대답하고는 황급히 복도를 돌아갔다.

2000년에 한 번 나올까 말까 한 인물은 근무 중인 것이다. 드디어 찾았다. 장기로 비유하자면 드디어 왕을 막다른 곳에 몰아넣은 것이다. 커다란 관문을 돌파한 것이다. 한국에 온 보람이 있었다는 생각에 가슴을 쓸어 내렸다.

그러나 잠깐! 기뻐하기는 아직 이르다. 왜냐하면 면회할 수 있는지 아직 모르기 때문이다. 사전 약속을 잡은 것도 아니고 더구나 김웅용은 천재라는 잣대를 들이대는 것에 대해 어린 시절부터 스트레스를 받아 왔다. 일종의 트라우마인 것이다.

이런 연유로 김웅용은 꽤 신경질적인 인물일지도 모른다. 만나볼 수 있을까?

통역자가 '안에 들어가자'는 시선을 보내왔다. 나도 가볍게 고개를 끄덕였다. 천천히 문을 열고 통역자가 먼저 사무실 안으로 들어갔다. 나는 그 뒤를 따랐다.

그 사진이 궁지에서 구출해 주었다!

사무실의 넓이는 30평 정도 되어 보였고 파티션으로 칸막이가 된 데스크 위에는 서류가 어수선하게 널려 있었다. 10명 정도의 사원이 데스크 앞에 앉아 있거나 서 있거나 했다.

통역자가 "안녕하세요"라고 인사를 건네자 몇 명의 사원이 일제히 우리에게 시선을 돌렸다. 모두 경계하는 눈빛을 하고 있는 듯 보였다.

나는 얼른 주위를 둘러보았지만 김웅용 같은 사람은 보이지 않았다. 20, 30대로 보이는 젊은 사람들만 눈에 띄었다.

여사원 한 명이 다가와 말을 걸었다. 피부가 하얗고 키가 큰 미인으로 약간 최지우를 닮은 듯했다.

"무슨 용건이시죠?"

"김웅용 씨 계신가요?"

"만날 약속은 하고 오셨나요?"

"아니 만날 약속은 하지 않았습니다만……"

이런 내용으로 통역자와 이야기를 나누고 있는 듯했다. 그 동안 나는 더욱 눈에 불을 켜고 김웅용을 찾았으나 찾지 못했다.

기획홍보부의 각 사원을 총괄할 수 있도록 가장 안쪽에 커다란 데스크가 있었다. 파티션으로 칸막이가 되어 있기도 하고 서류가 높이 쌓여 있어서 사람은 보이지 않았다.

저 자리가 부장 자리임에 틀림없을 것이다. 그렇다면 저 자리에 있을 것이다.

그 자리를 뚫어져라 바라보았다. 그러자 파티션 너머로 머리의 일부가 살짝 보였다. 저 사람이 바로 김웅용임에 틀림없다. 자세히 보니 그 머리는 약간 움직이고 있었다.

뭔가 쓰고 있는 것일까?

제5장 | 드디어 찾았다!

마치 네스호에 사는 환상의 괴물 네시가 물 위로 머리의 일부를 내밀고 천천히 움직이고 있는 듯했다.

통역자와 최지우를 닮은 여자사원의 이야기는 계속되고 있었고 이야기 중간에 '김웅용'이라는 단어가 들려왔다. 그러자 머리가 딱 멈추더니 움직이지 않았다. 경계하며 방어태세를 취하고 있는지도 모른다.

통역자와 여사원과의 대화에 다른 남자사원이 끼어들었다. 30대로 보이는 다부진 체격을 가진 최홍만 느낌의 대장부였다.

결국 우리는 사무실에서 쫓겨났다. 나는 뒤를 돌아보며 발꿈치를 들어 머리의 일부만 살짝 보이는 인물을 확인하려고 애썼지만 그 인물은 결코 머리를 들려고 하지 않았다.

역시 사전약속을 하지 않으면 면회할 수 없는 것인가……. 순간 실망했지만 우리들은 다른 방에 안내되었다.

3평 정도의 작은 사무실이었다. 상담실로 쓰이는 곳인 듯했지만 나는 취조실에 온 것 같은 느낌이었다. 그리고 이 방에서 다시 한번 이곳에 온 이유를 설명해야 했다. 나는 일본에서 가져온 흑백 사진을 보여주었다.

"이 사진은 김웅용 씨의 어머니가 찍은 제 사진입니다. 찍은 장소는 그의 아버지의 서재입니다. 이미 이십수 년 전 사진이어서 지금과는 얼굴이 많이 다릅니다만……"

그러자 최지우를 닮은 여사원이 호기심 가득한 얼굴로 사진을 들더니 내 얼굴을 빤히 쳐다보았다.

상사인 김웅용의 어머니가 집에 들인 사람이라면 함부로 대할 수 없다고 생각했는지도 모른다. 지금까지 눈곱만큼의 상냥함도 보이지 않았던 얼굴이 조금 부드러워졌다.

결국 사진 속의 인물이라고 생각했는지 조금 미소를 띠더니 발길을 돌렸다. 아마도 상사인 김웅용에게 보여주러 가는 것이리라.

사진 체크 후 만나 줄지도 모른다는 생각이 들었다.

얼마 지나지 않아 다부진 체격을 가진 최홍만 느낌의 사원이 다시 와서는 우리를 다른 방으로 안내했다.

이번에 안내된 곳은 엄청 넓은 회의실이었다. 그리고 그는 통역자와 잠시 이야기를 나눴다. 무슨 이야기를 했느냐고 하니 마실 것은 뭐가 좋은지 물어봤다고 한다. 김웅용이 나를 만나 줄 가능성이 커졌다. 간신히 최종 관문을 돌파할 수 있을 것 같다.

최홍만 느낌의 사원이 인스턴트 녹차를 가져다 주었다. 녹차를 마시며 기다렸지만 김웅용은 좀처럼 나타나지 않았다.

회의실의 벽면에는 여기 충청북도 지방의 미래 투시도가 여러 장 걸려 있었다. 초고층 빌딩이 늘어서 있고 우거진 수목과 분수가 있는 커다란 연못, 알파벳 Q자처럼 생긴 고속도로가 자못 쾌적한 도시라는 분위기를 자아내고 있었다.

회의실 입구 쪽에는 커다란 시계가 놓여 있었다. 시각은 오후 3시를 조금 넘었다.

15분 정도 기다리자 한 중년 남성이 회의실에 들어왔다.

평범한 가정의 가장이 된 김웅용

나는 자리에서 일어났다. 직립부동의 자세가 되었다.

진한 밤색 양복에 흰 와이셔츠. 핑크색 계통의 넥타이를 매고 있었다. 약간 마른 편으로 키는 170센티미터 정도. 얼굴은 조금 검은 편이었고 조금 부스스한 머리에 흰 머리카락이 두세 올 보였다.

눈썹은 옅은 편이고 역삼각형 얼굴에 테가 두드러지지 않은 안경을 끼고 있었다.

미간에 팔자주름이 보였다. 페르마의 최종정리에 직면했을 때나 파파라치에게 쫓겼을 때 이 주름은 깊어졌으리라.

그러나 이 주름이 편안한 느낌을 주었고 안경 너머의 약간 작은 눈에 미소를 띠고 있었다.

남자의 손에 사진이 있었다. 김웅용의 어머니가 찍은 나의 흑백 사진이다.

남자는 나의 얼굴을 한번 보더니,

"김웅용입니다."

라고 일본어로 말하며 명함을 내밀었다. 나는 직립부동 자세 그대로 명함을 받아 들었다.

2011년 4월 12일 오후 3시 18분이었다.

나에게 있어서는 환상의 인물, 2000년에 한 명 나올까 말까 한 인물을 드디어 만난 것이다.

후지TV 〈만국 깜짝쇼〉에 첫 등장한 이래 44년 만이다.

당시 생후 4년 8개월 된 꼬마가 48세가 되어 여기에 있는 것이다. 어렸을 때는 표정 없는 얼굴을 하고 있었는데 지금은 부드러운 미소를 띠고 있다.

우선은 사전 연락 없이 갑자기 방문한 실례를 사죄한 후 니혼바시 닌교초에서 산 센베이를 선물로 주었다. 원전 사고의 중심에 있는 일본인에게 음식을 받는 것은 다소 위험하지 않을까 하는 내색 따위는 전혀 없이 김웅용은 기분 좋게 받아 주었다.

김웅용은 손에 들고 있던 흑백 사진을 테이블 위에 놓더니

"어머니가 찍은 건가요? 여기 책상과 책장을 보니 틀림없는 아버지의 서재네요."

하며 그리운 듯 손가락으로 사진을 몇 번이나 쓰다듬었다.

김웅용의 어머니가 찍어 준 사진은 엄청난 효과가 있었다. 이 사진이 있었기 때문에 바쁜 와중에도 일부러 시간을 내서 만나주었을 것이다.

나는 후지TV 〈만국 깜짝쇼〉의 오오노 프로듀서에 대해 얘기했다. 그러자 그는

"오오노 씨는 연세가 어떻게 되십니까?"

라고 물었다. '80세 정도'라고 대답하자 가볍게 고개를 끄덕였다. 오오노 씨가 김웅용 씨를 걱정하고 있다고 하자 그는,

"오오노 씨에게 전해 주세요. 김웅용은 건강하게 잘 있다고. 지금

은 나라를 위해, 사회를 위해 일하고 있다고 전해주세요."

하고 말했다. 나는 반드시 전하겠다고 대답했다.

그리고 김웅용은 뜻밖의 질문을 했다.

"야노 켄타로 선생님은 건강하신가요?"

김웅용에게 있어서 오오노 프로듀서보다는 야노 켄타로 도쿄공업대학 명예교수가 더 인상적이었던 것일까?

"1969년 야노 켄타로 선생님이 도쿄공업대학에 계셨을 때 (아버지와 함께) 방문한 적이 있습니다."

그가 설명을 했다.

야노 명예교수는 이미 오래 전에 81세의 나이로 세상을 떠났다는 것을 전하자 고개를 끄덕였다.

김웅용의 부친과는 어제 통역자를 통해 통화했기 때문에 건강하다는 것을 알고 있어서 모친은 어떠한지 물어보았다.

"부모님 두 분 다 건강하십니다."

그는 이렇게 대답했다.

나는 김웅용의 가정사를 묻기 위해 일부러 우리 집 아이 얘기를 꺼냈다.

늦게 결혼한 탓으로 아들이 현재 초등학교 6학년인데 게임에 빠져 있다. 내년에 중학교 입시를 치러야 하는데 뭔가 도움이 될 말이 있다면 해줄 것을 부탁했다.

그러자 김웅용은 웃으며,

"게임을 하지 말라고 강하게 말할 필요도 없고, 게임기를 뺏을 필요도 없습니다. 30분 동안 게임을 했으면 30분 공부하면 된다고 생각합니다."

라며 극히 당연한 말을 들려 주었다. 그리고

"사실은 우리 애들도 게임을 좋아합니다. 13살, 11살 난 아들 둘이 있습니다. 그 나이 때는 모두 게임을 좋아하는 것 같아요."

그는 자식을 끔찍이 생각하는 아버지의 모습을 보였다. 얼굴 표정에서는 2000년에 한 명 나올까 말까 한 천재의 느낌은 전혀 찾을 수 없었다. 어렸을 때부터 엄격한 부친의 조기교육을 받은 반작용 때문인지 자신의 아이들에게 자애로운 아버지라는 인상을 받았다.

나는 아들을 화제로 이야기를 계속했다.

"제 아들은 커서 축구 선수가 되어 맨체스터 유나이티드에 들어가고 싶다고 합니다만, 김웅용 씨 아들의 꿈은 무엇인가요?"

"우연이네요. 우리 애도 장래 희망이 축구 선수예요. 좋아하는 팀도 맨체스터 유나이티드고요."

하며 웃었다. 지금까지 조금 딱딱했던 분위기가 순식간에 부드러워졌다.

"장래에 한국대표, 일본대표 축구 선구가 되어 경기장에서 만날지도 모르겠네요."

김웅용은 농담 섞인 말을 하며 웃었다.

"그렇게 되면 너무 좋을 것 같은데요."

나도 동조했다. 그러자 김웅용은 악수를 청해 왔다. 아이들을 매개로 완전히 의기투합한 것이다.

김웅용은 갑자기 내 손을 잡더니 이쪽으로 오라는 듯 일어섰다. 그리고 성큼성큼 걷기 시작했다.

회의실에서 나와 복도를 걷는 도중 50대 중반의 위엄 있어 보이는 남자를 만났다.

김웅용은 그 남자에게 가볍게 고개를 숙여 인사했다. 그러더니 두 사람은 이야기를 시작했다. 통역자가 중간에 끼어들어 상황 설명을 하자 남자는 한 번 웃더니 그 자리를 떠났다. 남자는 김웅용의 상사로 이 공사의 본부장이라고 했다.

김웅용은 기획홍보부의 문을 열고 들어가 자신의 책상으로 갔다. 아까는 미심쩍은 눈으로 바라보던 직원들의 표정도 한결 부드러워져 있었다.

김웅용의 책상에는 숫자와 영문이 섞인 난해한 수식이 A4 사이즈 종이에 가득 적혀 있었다.

아까 파티션 너머로 머리의 일부가 보였을 때 뭔가 적고 있다고 생각했는데 이 수식을 적고 있었던 것일까? 예를 들면 셀러리맨들이 근무 중 한숨 돌리기 위해 퍼즐 등을 하는 것처럼 김웅용은 수식을 적으며 두뇌 운동을 하고 있었던 것일까? 아니면 논문의 초고라도 쓰고 있었던 것일까?

김웅용이 책상 위의 컴퓨터를 클릭하자 화면에 나타난 것은 가족 사진이었다. 어딘가의 공원에서 꽃을 배경으로 아내와 두 아들과 함께 찍은 사진이었다. 이 외에도 가족 사진이 몇 장 더 있었다.

그는 일하다 피곤해지면 가만히 가족 사진을 바라보며 잠깐 동안 휴식을 취했을 것이다.

아내는 조금 통통한 얼굴에 총명해 보였다. 두 아들은 웃으며 편안한 표정을 짓고 있었는데 엄마보다는 아빠(김웅용)를 닮아 있었다.

그의 아들들은 매스컴이 떠들썩하게 보도하던, 언뜻 보기에 무표정하고 신경질적인 분위기를 띠고 있던 어린 시절의 김웅용과는 전혀 달라 보였다. 사진에서 받은 느낌만으로 판단한다면 두 아들은 조기 영재교육을 받고 있지는 않은 것 같았다.

2000년에 한 번 나올까 말까 한 천재라고 일컬어졌던 김웅용은 평범한 가정의 가장이 되어 있었다.

김웅용과 위너

김웅용은 1998년, 35세 때 5살 연하의 아내와 결혼했다. 만난 곳은 연세대학교라고 부끄러운 듯 말했다.

연세대는 한국의 명문 사립 대학으로 일본의 게이오 대학 수준이라고 한다. 김웅용은 여기에서 강사를 하고 있었고 아내는 대학원생이었다.

김웅용은 1970년 8세 때 미국 항공우주국(NASA)의 초청으로 미국 콜로라도 주립대학에 갔다. 그 후 대학원에서 석사, 박사 학위 과정을 수료하고 1975년부터 NASA의 전임 연구원으로 일했다고 한다.

그러나 1978년에 갑자기 귀국했다. 그의 귀국 이유는 '함께 어울릴 수 있는 또래도 친구도 없이 NASA가 주는 과제를 수행하는 쳇바퀴 같은 생활에 질려 돌아왔을 뿐'이라고 설명했다.

이후 국립 충북대학교에 입학하여 물리학의 세계에서 토목공학의 세계로 이동했다. 박사학위 취득 후에는 모교와 연세대학교의 강사로 교단에 섰다.

대학 강사 겸 국토환경연구소 연구원으로 일하며 수리학 분야의 논문을 발표했다. 이 논문이 인정받아 세계적으로 유명한 인명사전에 '세계의 지성'으로 이름이 게재된 것이다.

한국에서는 IT와 생명과학 등의 산업단지를 충청북도 지역에 건설하기 위해 2006년에 개발공사를 설립했다. 김웅용은 같은 해 7월에 충북개발공사에 입사한 것이다.

일찍이 김웅용의 아버지는 이렇게 주장했다.

"웅용은 천재이기 때문에 평범한 행복을 바라서는 안 된다. 안됐지만 어쩔 수 없다. 천재는 천재의 길을 가야만 한다."

그러나 지금의 김웅용은 그의 아버지가 생각한 이미지와는 전혀 다른 인생항로를 자신의 의지로 개척하여 걷고 있는 듯했다.

미국의 유명한 수학자 로버트 위너(1894~1964)가 생각났다.

위너는 사이버네스틱의 창시자로 엄격한 아버지로부터 조기교육을 받아 '신동'이라고 일컬어졌다.

위너의 자서전 『신동에서 평범한 사람으로』를 읽어 보면 아버지의 엄격함을 절절히 느낄 수 있다.

"아버지가 가르쳐 주긴 했지만 나는 이해를 잘 할 수 없었다. 아버지는 어떤 실수도 용납하지 않기 때문에 그 자리에서 바로 정답을 맞히지 않으면 안 되었다. 대화는 늘 기분 좋게 시작됐지만 내가 문제를 하나라도 틀리면 그 이후는 상황이 갑자기 싹 바뀐다. 지금까지 다정하던 아버지는 피에 굶주린 흡혈귀로 변하는 것이다. 말투도 거칠어져서 "뭐라고!"라고 소리치고 내가 이 말에 바로 호응하지 않으면 "자, 다시 한 번 해!"라고 천둥처럼 고함을 지른다. 이때까지는 나는 공포에 떨면서 울었다. 아버지의 화가 폭발하여 쏟아놓는 말들은 그 말이 가진 의미 이상으로 심한 상처가 되었다. 마치 채찍질 형벌 같았다. 나의 수업은 자주 가정 분쟁을 일으켰다. 아버지는 미쳐 날뛰고 나는 울고 어머니는 열심히 나를 감싸주었다. 이런 일이 반복되면 언젠가 가정이 파괴될 것만 같아 심히 걱정이 되었다."

김웅용의 부친이 어느 정도 엄격했는지는 모른다. 그러나 적어도 조기 교육을 실천한 아버지들에게는 J. S. 밀의 예를 봐도 알 수 있듯이 강약의 차이는 있을지 몰라도 어느 정도의 엄격함은 있는 듯하다.

김웅용과 마찬가지로 위너도 초등학교를 거의 다니지 않았다. 그래서 자신은 사교성이 발달하지 않은 아이였다고 자서전을 통해 말한다.

9세 때는 아이야 하이스쿨에 입학하지만 좌석이 너무 높아 선생님 무릎에 앉아 수업을 들었다는 에피소드도 남아 있다. 위너는 11세 때 태프츠 대학에 입학하였는데 반바지 대학생으로 당시에 유명했다.

위너의 자서전을 계속 보자.

"좋지 않은 결과 중 하나가 나의 재능을 신문 잡지의 특종거리로 삼으려는 기자들이 나를 악착같이 뒤쫓아다니는 것이었다. 어떤 기자는 내 사생활을 침해하려고 해서 인터뷰를 거절하자 '인터뷰를 못하면 제가 직장에서 쫓겨납니다' 라며 우는 소리를 했다. 결국 나는 신문 기자들은 모두 피해야 한다는 것을 깨달았다."

매스컴은 신동이나 천재를 일종의 구경거리로 삼아 보도한다. 이것에 반발하여 위너는 철저히 매스컴을 피했다고 한다. 김웅용의 경우도 이와 비슷하다.

위너의 자서전을 더 살펴보면 이런 이야기가 나온다.

"나는 내 인생을 돌아볼 때 조기교육을 받았기 때문에 위축되었다고는 결코 생각하지 않는다. 사람들이 말하는 '어린 시절을 빼앗긴 것' 에 대해서도 내 자신을 가엾게 여기지 않는다.

내가 이런 평안한 마음 상태에 도달할 수 있었던 것은 특히 아내의 애정과 조언 덕분이다. 나는 전제적인 아버지의 공부 방법에서 벗어나서 공부하는 것과 신동이었다는 경력을 전혀 문제시하지 않는 사람들 사이에서 처신하는 법을 배워야 했다. 나는 연구소에서 작업 팀의 한 사람으로서 손을 까맣게 버려가며 공구를 사용하여 일하는 것에 대한 만족을 알아야 했다."

로버트 위너는 31세 때 결혼하여 아버지의 엄격한 속박에서 해방되었다.

평범한 행복을 발견한 천재

천재는 때때로 기구한 인생을 보내기도 한다.

예를 들면 조숙한 천재라고 불린 『도르젤 백작의 무도회』의 저자 레몽 라디게는 20세 때 사망했고, 모짜르트는 35세, 아쿠타가와 류노스케도, 미시마 유키오도 스스로 목숨을 끊어 가족을 슬픔에 빠지게 했다.

그리고 만류인력을 발견한 뉴턴이나 철학자 데카르트(단, 숨겨 놓은 자식이 있었다), 칸트, 니체, 쇼펜하우어, 프랑스의 문호 마르셀 프루스트는 일생 동안 가정을 갖지 않은 채 독신으로 생애를 마감했다. 수학 천재 에르되시도 역시 마찬가지다.

사실 사람이 사는 방법에는 여러 형태가 있는 것은 당연한데 이렇게 하나하나 비판하는 것도 세련되지 못한 일일 것이다.

김웅용은 아버지가 바라던 아인슈타인 같은 물리학자는 되지 않았다. 그러나 긴 숙성의 시간을 거쳐 '21세기 위대한 지성'의 칭호와 사랑스런 아내와 아이들이 있는 행복한 가정을 얻게 된 것이다.

"천재로서 파란 많은 인생을 보내기보다 평범한 행복을 발견해서 정말 잘 됐어요."

내가 이렇게 거듭 말하자 김웅용도 웃으며 대답했다.

"고맙습니다."

김웅용에게는 남동생 장용과 여동생 예용이 있다. 두 명 모두 건국대학교 천재아동연구소에서 공부했고 후지TV 새해 특별 방송 〈한국의 신동 김웅용〉에 출연한 바 있다.

이 때 부친은 웅용뿐 아니라 장용과 예용도 '천재입니다'라고 호언장담했었다. 두 사람은 지금 어디서 무얼 하고 있을까?

김웅용에게 물어 보았다.

"남동생은 서울에서 내과 의사로 일하고 있고, 여동생은 결혼한 후 이탈리아 볼로냐에서 살고 있습니다."

나의 이번 한국 방문 목적의 하나는 김웅용에게 일본을 위해 힘이 되어 달라고 부탁하기 위해서였다.

"일본은 지금 힘든 시기를 보내고 있습니다. 쓰나미가 와서 도로는 붕괴되고 원자력발전소에서는 방사능이 유출되어 세계가 우려의 시선을 보내고 있습니다. 한국에서도 얼마 전에 많은 초, 중학교가 일본 원전 사고로 인한 방사능 비로 휴교를 했다고 들었습니다. 김웅용 씨는 수리학, 환경문제, 토목공학 등에 있어 세계적인 권위자입니다.

'21세기 위대한 지성'의 한 사람입니다. 부디 일본의 부흥을 위해 그 뛰어난 '두뇌'를 빌려주십시오."

나는 특히 '21세기 위대한 지성'을 강조하며 통역을 통해서 그에게 호소했다.

그러자 김웅용은 미간에 팔자주름을 지으며 말했다.

"일본의 대참사에 대해서 정말 안타깝게 생각합니다. 작년 8월에 센다이에 있는 도호쿠대학교에서 열린 토목공학 관련 회의에 참석했습니다. 그래서 미야기 현(쓰나미가 강타한 지역)에는 특히 관심이 갑니다."

나는 다시 한번 부탁했다.

"김웅용 씨가 한국과 일본의 가교가 되어 주시면……"

과거의 천재 꼬마 소년이 긴 시간을 거쳐 다시 한번 일본인들 앞에 '일본 부흥의 어드바이저'로 돌아온다면 얼마나 멋질까? 드라마틱하기까지 하다.

그러나 이런 생각은 TV드라마에서나 가능한 것일까?

김웅용은 나의 이러한 호소에 대해 쉽사리 승낙하려 하지 않았다. 단지 수줍은 듯이 웃을 뿐이었다.

그의 표정에서는 일본을 위해 일하기보다는 조국을 위해, 가족을 위해, 지금 하고 있는 일에 전념하고 싶다는 느낌을 받았다.

김웅용은 잠시 침묵한 후,

"일본의 여러분들이 부디 힘 내셨으면 합니다."

라는 응원의 메시지를 남겼다. 이 이상 그에게 부탁하는 것도 실례인

제5장 | 드디어 찾았다!

것 같아 화제를 돌렸다.

나는 내년에 중학교 입시를 치를 아들을 위해 사인을 한 장 해주기를 청했다. 그러자 기분 좋게 종이에 사인을 해 주었다.

대복 대귀(大福 大貴)

다소 여성적이고 깔끔한 필체였다. 넉넉한 사람이 되어 많은 사람에게 존경 받는 인물이 되라는 의미인 듯하다.
그리고 함께 사진 찍기를 부탁하자 흔쾌히 응했다.
충북개발공사 앞에서 김웅용과 나는 나란히 섰다. 통역자가 디지털 카메라를 들고 찍을 준비를 했다.
나는 김웅용의 어깨에 손을 올려 가볍게 톡톡 두 번 두드렸다. 이것은 44년 만에 겨우 찾은 김웅용에 대한 나의 "찾았다"라는 사인을 의미했다.

그곳을 떠나기 전에 김웅용에게 선물을 받았다. 나중에 열어 보니 이것은 뚜껑이 있는 부부 찻잔이었는데 한국의 꽃인 무궁화 장식이 달려 있었다. 아마도 공사 측에서 손님용으로 만든 것인 듯했다.
나는 밴에 몸을 싣고 열린 차창으로 손을 내밀어 김웅용을 향해 흔들었다. 김웅용도 계속 손을 흔들며 배웅해 주었다.

충북개발공사 앞에서.
위 사진은 김웅용 씨.
아래는 그와 이 책의 저자인
오오하시 요시테루 씨가 함께
포즈를 취했다.

남겨진 중요한 임무

"잘 됐네요. 환상의 인물과 만날 수 있어서."
돌아오는 차 안에서 통역자가 미소를 지었다.
"통역자 덕분입니다."
나는 감사의 뜻을 전했다.
여하튼 오랜 세월 가슴에 걸려 있던 응어리가 사라지는 순간은 그야말로 상쾌했다. 수수께끼가 풀렸을 때의 그 개운함, 아니 이렇게 단순한 말로는 표현이 안 된다.
이제는 언제 죽어도 좋다는 말은 다소 과장된 표현이지만 이런 기분이었다. 그렇다고는 하지만 이것으로 모든 것이 끝난 것은 아니다. 아직 중요한 임무가 남아 있다.
'김웅용의 현 상황'을 오오노 프로듀서에게 전해야만 한다.
오오노 프로듀서는 나와 만날 때마다 김웅용의 이야기를 늘 화제로 삼았다. 오오노 프로듀서는 왜 그리도 김웅용을 마음에 두고 있었던 것일까?
그는 김웅용을 출연시킨 방송으로 인해 출세의 기초를 닦아 이후 순조롭게 승진한 것은 사실이다. 김웅용을 발판으로 출세했다고 해도 과언은 아니다. 본인에게 들은 것은 아니지만 김웅용이 출연한 방송으로 사장상 내지는 적어도 부장상은 받았을 것이다.
당시 후지TV는 시청률이 좋으면 2개월에 한 번 꼴로 금일봉(1만

엔)을 모든 사원에게 지급했다. 그야말로 좋은 시대였다. 그런 시대였으므로 방송 최고책임자인 오오노 프로듀서가 평사원들과 똑같이 금일봉만을 받았을 리가 없다고 생각하는 것은 지나친 것일까? 직속 상관이자 전에 백작이었던 보죠 도시카네 씨로부터 사원 평가에서 높은 점수를 받았을 뿐만 아니라 앞으로의 출세를 보장받았을지도 모른다.

김웅용은 성장하지 못하고 자신만 출세하는 것이 왠지 마음에 걸렸던 것일까? 그래서 그가 김웅용에 대해 늘 마음을 쓰고 있었다고 할 수도 있다. 김웅용에 대한 좋은 뉴스를 전하면 분명 진심으로 기뻐할 것임에 틀림없다.

서울 시내에 접어들어 한강변을 달리자 강물에 비친 석양이 부드럽게 빛나고 있었다.

통역자가 앞에 보이는 한강에 걸려 있는 다리를 가리키며 "저것이 서울의 명물인 무지개분수 다리입니다. 오후 8시가 되면 수십 줄기의 물이 포물선을 그리며 뿜어져 나옵니다. 불이 켜지면 정말 멋있어요."라고 했다.

그러나 지금은 시간이 너무 일러 보지 못했다. 아름다운 색으로 빛나는 무지개분수 다리도 보고 싶었으나 나에게는 시간적인 여유가 없었다.

한시라도 빨리 오오노 프로듀서에게 김웅용의 사진과 메시지를 전해야 했다.

제6장

2011년 봄, 일본

오오노 프로듀서의 부재 이유

귀국 후 바로 오오노 프로듀서의 자택에 전화를 했다. 전에 했을 때도 전화벨만 울릴 뿐 전화를 받지 않았다. 어디 여행이라도 떠났나 하고 생각했는데 이번에도 좀처럼 받지 않았다. 혹시 이사를 간 것일까? 아니면 또 여행 중인가? 시간을 두고 여러 번 걸자 겨우 여자가 전화를 받았다. 오오노 프로듀서의 아내였다.

"남편이요? 없습니다."

"회사에 계신가요?"

나는 부인에게 재차 물었다. 수년 전에 만났을 때 명함 받은 것이 있다. 그 때는 후지TV 관련 회사의 고문으로 일하고 있었다. 그래서 지금도 어딘가의 회사 고문으로 일하고 있을지도 모른다고 생각했기 때문이다.

"이미 회사는 그만뒀습니다."

"그럼 외출 중이신가요?"

"용건이 뭐죠?"

부인이 물어왔다.

오오노 프로듀서의 방송에 출연했던 김웅용과 만나고 왔다, 오오노 프로듀서에게 전해줄 메시지와 사진이 있다고, 그를 만나고 싶은 이유를 간추려 설명했다.

"그렇습니까. 감사합니다. 그러나 남편은 집에 없습니다."

"어딘가 여행 중이신가요?"

"아닙니다."

부인은 단호하게 말했다. 병으로 입원 중일 수도 있었다. 내가 잠시 침묵하고 있자 부인은 말을 계속했다.

"노인시설에 있습니다."

"노인시설?"

"네. K시에 있는 시설입니다. 남편은 1년 전부터 알츠하이머병에 걸려 여기 저기 돌아다니는 습관이 생겼습니다. 게다가 느닷없이 화를 냅니다. 정말 힘들었습니다. 다른 사람들은 차분하고 온화한 사람이라고 합니다만, 겉으로 드러난 것밖에 모르기 때문에 그런 말을 하는 것입니다. 저는 작년 말에 대퇴부 골절상을 당해서 남편을 돌볼 수가 없어 할 수 없이 노인시설에 맡겼습니다."

오오노 프로듀서가 노인시설에 있다니 나는 순간 당황했다.

부인이 계속 말을 이었다.

"남편은 회사를 그만두고 나서도 집에 있지 않았습니다. 기공, 태극권, 합창, 우크렐라 등 취미가 많았기 때문입니다. 그리고 나와는 달리 병원을 좋아해서 조금이라도 몸 상태가 안 좋다 싶으면 바로 병원으로 달려가곤 했습니다. 저는 아버지가 의사인 탓에 의사의 안 좋은 면도 알고 있어서 병원을 그다지 좋아하지 않습니다. 우리 손자가 도쿄대학교 치과대학에 합격했을 때 남편은 뛸듯이 기뻐했습니다.

그런데 이후 알츠하이머병에 걸렸습니다. 얼마 전에 딸아이가 남편 면회를 갔었는데, 딸아이 얼굴을 잊어버린 듯 모르는 사람 대하듯 했답니다."

김웅용의 사진만이라도 보여주고 싶으니 어디에 있는 노인시설인지 알려줄 것을 부탁했지만, 부인은 거절했다.

"지금은 면회할 수 없습니다. 이벤트가 있을 때 딸아이에게 연락드리라고 하겠습니다."

이벤트란 크리스마스와 여름휴가 때로 1년에 두 번 있는데 가족과 함께 보낸다고 한다.

그러나 그렇게 기다릴 시간이 없다. 나이가 나이니만큼 무슨 일이 생길지 모른다. 한시라도 빨리 오오노 프로듀서에게 전해야 한다.

다시 한번 부탁했지만 부인은 노인시설에 피해가 된다며 완강하게 거부했다. 이 이상 부탁하는 것도 실례일 것 같았다.

그러나 김웅용의 메시지를 전하지 않는다면 영원히 답답함이 남을 것이다.

일단 물러났지만 무슨 일이 있어도 오오노 프로듀서와 만나서 김웅용의 메시지와 사진을 전해야 한다고 생각했다.

날이 갈수록 이 생각은 강해져만 갔다. 부인이 가르쳐 주지 않는다면 내 스스로 찾아내서 만나러 가야겠다고 결심했다.

또 하나의 재회

찾는 것은 그리 어려운 일은 아니었다. K시내의 노인시설을 찾으면 되기 때문이다. 시청에 물어보니 약 30개 정도가 있다고 한다. 시내 주민이 주로 이용하는 시설, 비교적 저렴한 특별 노인 시설, 유료 시설, 알츠하이머 환자를 받는 시설 등의 사항을 고려할 때 M이라는 시설에 오오노 프로듀서가 있을 것 같았다.

부인에게는 미안하지만 그 M시설에 찾아가 보기로 했다. 사실 이 시설에 있을지 없을지는 모른다.

오오노 프로듀서의 가족을 배려하여 시설에는 단순한 견학이라고만 하고 오오노 프로듀서의 이야기는 꺼내지 않겠다고 결심하고, 김응용의 사진과 〈만국 깜짝쇼〉의 사진을 지참하고 출발했다.

한죠몽 선을 타고 기타센쥬를 경유하여 소카, 고시가야를 거쳐 K역에서 내렸다. 역 앞에서 M시설에 전화를 했다. 견학하고 싶다고 하자 흔쾌히 승낙했다. 방이 두 개 비어 있다고도 말해 주었다.

K역에서 비교적 좁은 상점가를 빠져나가자 중학교가 있었다. 만개한 벚나무 아래서 체육복을 입은 학생들이 운동을 하고 있었다. 아이들의 발랄한 목소리와 몸짓을 기분 좋게 감상하며 시설을 향해 걸어갔다.

건널목 근처에 3층 건물의 M시설이 있었다.

현관에 들어가자 남자직원이 바로 안내해 주었다. 오르간 소리가 들려왔다. 레크레이션실에서 노인들이 동요를 부르고 있었다. 잠시 안을 들여다보니 십수 명의 노인들이 있었지만 오오노 프로듀서로 보이는 사람은 눈에 띄지 않았다.

남자직원이 욕실을 안내해 주었다. 꽤 널찍했다. 그는 "여기서 노인들을 목욕시킵니다"라며 열심히 설명했다.

그곳엔 담당 요양사와 목욕 순서가 적혀 있는 일주일 스케줄 표가 게시되어 있었다. 스케줄 표를 보니 예상대로 오오노 프로듀서의 이름이 있었다. 한마디로 내 예상이 적중한 것이다.

오오노 프로듀서의 방은 어디일까?

남자직원이 2층의 비어 있는 방을 보여 주었다. 3평 정도의 아담한 크기에 책상, 정리장, 화장실 등이 있었다.

남자직원이 창문을 열자 밭과 공터가 보였다.

방 입구에는 이름표가 붙어 있었다. 이름표를 차례차례 보다가 오오노 프로듀서의 방을 발견했다. 2XX호실.

문이 열려 있기에 안을 들여다보니 남자직원이 문을 꼭 닫아 버렸다. 바지만 벽에 걸려 있을 뿐 오오노 프로듀서는 없었다.

오오노 프로듀서가 지금 방에 없다면 아까의 그 레크레이션실에 있을 것이다.

남자직원이 3층으로 안내하려고 하는 것을 정중하게 거절하고 레크레이션실로 가서 유리창 너머로 바라보았다.

노인들은 여자요양사의 피아노 연주에 맞춰 〈카츄사의 노래〉를 합창하고 있었다.

남성이 대여섯 명, 여성이 십여 명 있었는데 오오노 프로듀서가 있는지는 확인할 수가 없었다.

그런데 갑자기 여자요양사가 "오오노 씨, 의자에 똑바로 앉지 않으면 떨어져요."라고 했기 때문에 나는 지적당한 남성을 보았다.

틀림없는 오오노 프로듀서였다. 턱을 앞으로 조금 내미는 버릇이 있는 오오노 프로듀서, 바로 그였다.

다른 노인들로부터 조금 떨어져 긴 의자에 앉아 있었는데 얼굴에는 표정이 전혀 없었고 다리를 떨고 있었다.

나는 김웅용의 사진을 보여줄 수도, 말을 걸 수도 없었다.

남자직원에게 돌아가겠다고 하자 "잘 부탁드립니다"라며 팜플렛을 주었다.

돌아오는 내내 나는 생각에 잠겨 있었다.

웃음을 잊어버린 오오노 프로듀서가 김웅용의 사진을 보고 오래간만에 활짝 웃음짓는 모습을 상상했던 것이다.

그러나 그런 드라마틱한 상상은 곧 산산이 깨졌다.

마음대로 사진을 보여주는 행동을 취해서도 안 되고, 아무리 사진을 보여준다고 해도 허사였을 것이다.

그의 부인이 완강하게 '만나도 소용없다'고 한 말이 겨우 이해가 되었다.

여행의 마지막

나는 그길로 야노 켄타로 씨의 집으로 향했다. 이미 야노 교수는 세상을 떠났지만 그의 아들에게 김웅용의 소식을 전해야겠다고 생각했기 때문이다.

케이힌도호쿠 선 카미나카자토 역에서 내렸다. 이십수 년 전에 찾아온 적이 있지만 어디쯤이 야노 교수의 집이었는지 기억이 잘 나지 않았다.

주소를 보며 길 가는 사람 몇 명에게 물어 겨우 야노 교수의 집에 도착했다. 전에 방문했을 때는 아인슈타인과 2년 동안 같이 연구한 과학자 야노 켄타로 씨의 집 치고는 다소 아담하고 조촐한 일본 가옥이라고 생각했는데 지금은 철근, 콘크리트와 일본식을 절충한 호화로운 저택으로 바뀌어 있었다.

'야노 켄타로'라고 동판에 새긴 문패가 걸려 있었다.

인터폰을 눌러 방문한 목적을 말하자 부인이 "지금 남편(야노 켄타로 씨의 아들)은 집에 없습니다. 오후 6시가 넘으면 돌아옵니다."라고 대답했다.

잠시 후 문이 열리더니 인터폰 목소리의 주인공이 나타났다. 나는 그 부인에게 김웅용의 사진과 내 명함을 건넸다.

돌아가는 길에는 여고생들이 이야기꽃을 피우며 내 앞을 걸어가고 있었다.

지금까지 김웅용을 추적하며 시간이라는 것에 대해 곰곰이 생각하게 되었다. 44년이라는 시간은 우주적으로 생각하면 먼지만큼 작은 시간일지 몰라도 인간의 시점에 서서 생각해보면 사람도 경치도 바꿀 정도로 긴 시간이다.

비디오 테이프처럼 금방 앞으로 되돌릴 수 없는 것이다. 이것은 지극히 당연한 일이지만 당연한 일이 묘하게 깊은 생각을 하게 만들었다. 그러나 변하지 않는 것도 있다. 그것은 이야기꽃을 피우며 내 앞에서 걷고 있는 여고생들의 발랄함이다.

오후 6시가 지나 야노 교수 댁에 전화를 했다. 야노 교수의 아들이 받았다. 그는 아버지와 다르게 건축 관계 일을 하다가 수년 전에 정년퇴직을 했다고 한다.

이미 아내에게 나의 방문 이야기를 들었는지,

"그가 아버지의 이름을 기억하고 있었습니까? 과연 천재네요. 정말 감사합니다. 아버지의 불단 앞에 김웅용 씨의 사진을 올리고 아버지께 전하겠습니다. 아버지는 올해 탄생 100년을 맞았습니다. 좋은 기념이 될 것입니다."

라고 했다.

2000년에 한 번 나올까 말까 한 천재라고 일컬어진 김웅용을 찾는 여행은 여하튼 끝났다.

"매스컴은 써 갈기기만 하고 뒷일은 나 몰라라 한다"라는 목소리는 더 이상 들려오지 않았다.

에필로그

도쿄 시나가와에 있는 키리가야 장례식장에서 전 후지TV 전무, 전 공동TV 사장, 궁중 시가 낭독회 회장이었던 보죠 도시카네 씨의 장례식이 2011년 6월 5일 열렸다. 많은 TV 관계자와 궁내청 관계자가 몰려와 장사진을 이루고 있었다.

보죠 씨는 김웅용이 출연했던 방송의 프로듀서로 오오노 마사토시 프로듀서의 직속 상관이었다. 타마구시*를 보죠 씨의 영정사진 앞에 바치며 나는 '김웅용의 현재 상황'을 보고했다.

이것으로 김웅용의 '현재'를 전해 받아야 할 사람은 아무도 없게 되었다.

---

*비쭈기나무의 가지에 시데(紙垂)라고 하는 하얀 종이를 얇고 길게 잘라 붙인 것으로 고인의 영을 달랜다고 한다

맺는 말

원숭이와 게의 싸움*에서의 게처럼, 혹은 토끼와 거북이에서의 거북이처럼, 늦지만 한발한발 끈기 있게 앞으로 나아갔습니다. 낭비를 줄이고 효율적이고도 영리한 방법을 취하고 싶었지만 할 수 없었습니다.

저는 사람들로부터 서툴고 우둔해 보인다는 말을 들어도 꾸준히 한발한발 나아가는 그런 류의 사람입니다. 서툴고 우둔하기에 나와 반대인 사람, 즉 '천재'에게 끌리는 것입니다.

젊은 시절에 천재 미시마 유키오를 정신없이 쫓아다녔던 것도 하나의 증거일 것입니다.

갑자기 전혀 다른 이야기여서 미안하지만, 나는 지금 다섯 명의 친구들과 도우카이도(東海道)를 걷고 있습니다. 니혼바시에서 교토산죠까지의 길로 도중에 53개의 숙박시설이 있습니다. 니혼바시를 출발한 것이 지금부터 무려 5년 전입니다. 그러나 아직도 목적지에 도착하지 못했습니다. 하기사 1년에 2, 3회 정도밖에 걷지 못하기에 좀처럼 거리가 좁혀지지 않습니다.

---

* 일본 민화의 하나. 교활한 원숭이가 게를 속여 죽이지만 죽은 게의 자식들이 원숭이에게 복수한다는 내용.

그런데 그 원인이 아무래도 나인 듯 "지금보다 조금 더 빨리 못 건 겠어?"라고 모두에게 눈치를 받습니다. 그러나 모든 것에 있어서 우둔한 나이기에 어쩔 수가 없습니다.

지금 겨우 아이치현에 진입했습니다. 목적지까지 앞으로 몇 년이 더 걸릴지 모릅니다.

그런데 이번에 김웅용을 만날 수 있다는 보장이 전혀 없었음에도 불구하고 잘 타지도 못하는 비행기를 타고 혼자서 한국에 갔습니다. 아내에게 어리석은 행동이라는 말을 들어도 어쩔 수 없었습니다.

한류 드라마 팬인 아내는 "김웅용과 만난다는 것은 한국을 가기 위한 구실이고 맛있는 삼계탕이나 불고기를 먹으러 가는 거겠죠."라며 의혹 섞인 싸늘한 시선을 보냈습니다.

다행히 김웅용을 만났기 때문에 이 의심을 풀 수 있었습니다.(당연히 맛있는 삼계탕도 먹었습니다만.)

한편 본서가 탄생하게 된 것은 우선 김웅용 씨를 만날 수 있었기 때문입니다. 그리고 그가 마음을 열고 기분 좋게 취재에 응해 주었기 때문입니다. 김웅용 씨에게 감사의 마음을 전합니다. 그리고 이 책(일본판)의 추천문을 써주신 후지TV 해설위원 겸 캐스터 마츠모토 마사야 씨에게 감사의 마음을 전합니다. 마츠모토 씨의 아끼지 않는 격려는 큰 힘이 되었습니다.

또, 전 석간후지의 편집국 차장 이쿠타 스스무 씨의 수고에 머리 숙여 감사 드립니다.

본서의 취재에 협력해 주신 여러분들 모두에게도 감사의 마음을 전합니다.

    마지막으로 본서의 출판을 기분 좋게 결정해주신 교에이쇼보의 히라타 카츠 사장님 및 편집부의 사토 교스케 씨에게 깊은 감사의 뜻을 표합니다.

    특히 히라타 사장님의 결단이 없었다면 본서의 탄생은 없었을 것입니다. 다시 한번 감사 드립니다.

    이 책을 돌아가신 부모님께 바칩니다.

                      2011년 9월 25일, 닛코 카나야 호텔에서
                                  오오하시 요시테루

김웅용의 약력
— 출처 : 위키피디아

2012년 8월 28일 슈퍼스칼러(SuperScholar)
　　'세계에서 가장 똑똑한 10인' 선정
2012년 1월~ 충북개발공사 사업처 처장
2006년 국제인명센터(IBC) 종신 부이사장
2006년 국제인명센터(IBC) 선정 21세기 우수 과학자 2000인
2006년 미국인명정보기관(ABI) 선정 21세기 위대한 지성
2006년 마르퀴즈 후즈 후 인 더 월드 23판 등재
2006년 국제인명센터(IBC) 선정 토목, 환경공학분야 올해의 국제교육자
2006년 충북개발공사 보상팀 팀장
1974년 미국 우주항공국(NASA) 선임연구원

■ 부록 ■

2012년 봄, 한국
김웅용이 말하는 'IQ 천재' 그 이후의 삶

정 용 인
경향신문사 《주간경향》 기자

궁금했다. 김웅용 씨는 자신의 삶을, 그리고 어린 시절의 경험을 어떻게 정리하고 있을까. 언론들은 그에게 '실패한 천재'라는 딱지를 붙여놓았다. 'IQ 210'은 그에게 자랑스러운 훈장이 아니었다. 흔히 말하는 대로 "네 살 때 4개 국어를 마스터하고, 대학입시 수준의 고등수학 문제를 척척 풀어내는 수재였다면 노벨상쯤이야 따 놓은 당상 아닌가"라는 생각이 들 만했다. 하지만 김웅용 씨의 선택은 달랐다. 성인이 된 그는 자신이 갖고 있었던 '어떤 능력'은 닫아 놓은 채 새 출발했다. 하지만 '60년대 신동'에 대한 언론의 추적은 집요했다.

"천재가 왜 범재가 되었나"라는 질문을 그에게 던졌다. 사실 무례한 질문이다. 그는 스스로를 '동물원의 원숭이' 신세라고 말했다. 이 트라우마는 아주 어린 시절부터 형성된 것으로 보인다.

올해 쉰, 지천명(知天命)의 나이가 된 김웅용 씨는 말했다.

"그것은 어쩔 수 없는 일이에요. 내가 짊어지고 가야 하는 삶이니."

그의 현재 삶에서 목표는 이것이다. "현재의 삶을 계속 유지하는 것." '평범한 삶'이 목표다. 그는 그 삶을 '쟁취해 나가야 하며 정말 어려운 일'이라고 표현했다. "흔히 사람들이 착각하는 것이 많이 치우칠수록 '성공'이라고 생각하는데 '안 치우치고 그대로 사는 것'이 성공이라고 생각합니다. 그게 평범함이죠. 그 평범함 속에는 건강도 있고 가족의 평안함, 주변 친구들이나 이웃들에 대한 친밀한 관계도 있습니다. 그게 계속 유지되어야 내가 평범하게 살 수 있어요."

2012년 8월 말, 미국의 비영리단체인 '슈퍼스칼러(SuperScholar)'는 〈현재 생존해 있는 사람 중 가장 똑똑한 사람 10명〉의 명단을 발표했다. 김웅용 씨의 이름이 스티븐 호킹 등과 함께 거론되면서 다시 '김웅용이 누구냐' 라는 화제가 떠올랐다. 그리고 9월 7일, MBC 스페셜이 그의 이야기를 〈IQ 210 천재 김웅용〉이라는 제목으로 다루면서 다시 김웅용이라는 이름이 주요 포털 인기 검색어로 선정되었다.

이 글의 앞에 실린 오오하시 요시테루 씨의 책은 세간의 김웅용 씨에 대한 정보 부족에서 오는 갈증을 해소하는데 일정한 역할을 할 것이다. 하지만 여전히 부족하다. 오오하시 씨는 그를 만났지만, 김웅용 씨의 현재 생각은 거의 전하지 못하고 있다.

그래서 올해 봄, 두 차례 이루어진 김웅용 씨와의 인터뷰를 이 책에 수록하여 보완하고자 한다.

필자는 김웅용 씨를 만나러 가기 전, 오오하시 씨 책의 요약본을 먼저 입수해 읽었다. 김웅용 씨도 오오하시 씨와의 만남을 또렷이 기억하고 있었다. "오래 전 부모님 집에서 찍은 사진을 가지고 왔더라고요. 만나고 난 다음 책을 보내주긴 했는데, 일본어를 잘 모르니 무슨 내용인지는 잘 알 수 없었고……." 네 살 때 후지TV에 출연한 그는 유창한 일본어 실력을 보여줬다. 그런데 지금은 '일본어를 잘 모른다'고 했다. 당시 언론들은 김웅용 씨가 한 달이면 언어를 마스터하는 것이 가능하다고 했다. 그렇다면 그 당시에 보여준 '능력'은 일종의 '단기메모리'에 가까운 것이었을까. 궁금한 것이 너무도 많았다. 하지만 질문은 조심스러울 수밖에 없었다. 그의 인생에 가해진 상처를 헤집어 드러낼 수 있는 권리는 누구한테도 없기 때문이다. 아래 인터뷰는 2012년 3월 31일, 김웅용 씨가 근무하는 충북개발공사 사무실에서 진행한 것이다.

▶ 일본 후지TV 프로그램인 〈만국 깜짝쇼〉에 출연해서 미분 적분을 푸는 장면이 많은 사람들의 기억 속에 남아 있습니다. 인터넷을 보면 당시 사진도 남아 있어 주기적으로 화제를 모읍니다. 요즘에도 수학문제 푸는 것, 그런 것에 관심이 있습니까?

"관심이야 항상 있습니다. 늘 보고 있는 책들이 그런 책들이 많습니다. 그런데 직장생활을 하다 보니 책을 읽을 시간이 별로 없어요. 퇴근해서 집에 가 있는 시간이나 아침에 일어나 남는 1시간 정도, 그런 때를 이용해서……."

김웅용 씨가 특히 주의를 기울이는 책은 『공업수학』이다. 대학입시를 할 때도 다른 학생들은 『수학의 정석』 같은 책을 봤지만, 그는 『공업수학』을 밑바탕으로 해서 공부를 했다. 대학에서 강의를 할 때도 그 책으로 강의를 했다. "1993년부터 강의를 했는데, 2006년부터 강의를 끊어서 안 했어요. 그러다 보니 신판이 나오잖아요. 새로운 책이 나오면 과연 어떻게 변했을까 해서 살펴보고 있습니다."

수학 책만 보는 것이 아니다. 쉰을 넘겼지만, 그의 '지식욕심'은 여전했다. 이번 주에는 어떤 책을 읽었는지를 물었다. 그는 서랍장을 열어 책을 가지고 왔다. 한 무더기였다. 화이트헤드의 『수학이란 무엇인가』, 장하준의 『무엇을 선택할 것인가』, 슬라보예 지젝 인터뷰집 『불가능한 것의 가능성』이 눈에 띄었다. 화제를 모으는 인문교양 신간의 흐름도 거의 짚어보는 것 같았다.

▶ 지젝도 읽으십니까?

"제목이 눈에 띄어서 보는 겁니다. 신간을 한 번에 30권씩 삽니다. 다 볼 수는 없잖아요. 손님이 오면 또 읽을 수도 없고, 이런 책들을 틈틈이 보고 있습니다."

장하준에 대한 그의 관심은 오래되었다. 『나쁜 사마리아인』도 읽었다.

"카이스트에 있을 때의 동료들이 이제 사회에 나와서 한 달에 한 번씩 세미나를 합니다. 아, 대단한 건 아니고 SD모임이라고 지속가능한 발전(Sustainable Development)을 주제로 토론을 하는데, 회원 중 한 분이 장하준 교수 1년 선배예요. 그분에게 이야기만 듣다가 책이 나오니 관심을 갖게 된 거죠. 『나쁜 사마리아인』의 경우 또 다른 회원분의 사모님이 번역을 직접 하셨고……."

▶ 책을 한 권 읽는 데 어느 정도 걸리십니까.

"대중없어요. 재미없으면 오래 걸립니다. 보통 1주일 이상 걸려요.

『수학이란 무엇인가』 같은 책은 보름 이상은 걸릴 것 같아요. 여기에 나오는 이론들, 이를테면 동력학 같은 건 이론을 한번 찾아봐야 하기 때문이지요. 흔히 말해 경제 경영서라고 하는 책들은 금방금방 봅니다. 3백 페이지 정도 되면 하루면 볼 수 있습니다."

▶ 자녀들도 책을 많이 좋아하겠네요.

"그런 것 같진 않아요. 지금 큰애가 중학교 2학년이고 작은애가 초등학교 5학년인데, 학교 들어가기 전에는 동화책 같은 걸 많이 읽었습니다. 그런데 그 이후에는 밖에서 노는 것을 더 좋아합니다. 큰아이는 허약해서, 아주 어렸을 때부터 감기를 달고 살았어요. 그래서 얘는 운동을 시켜야겠다, 하고 생각해서 운동을 많이 시키는 어린이집에 보냈어요. 그런데 활동하는 것을 좋아하다 보니 그쪽으로 확 빠지더라고요. 지금도 운동을 좋아하고."

▶ 오오하시 요시테루 씨의 책을 보니 앞으로 자녀들이 성장해서 한일 축구 대표 팀으로 만나면 좋겠다, 그런 말을 나누었던데요…….

"그랬죠. 아이가 맨유를 좋아한다고……."

▶ 장하준 교수 책은 경제서라고 할 수 있는데, 다른 분야도 읽으시나요?

"『쇼핑의 과학, 패러독스 논리학』과 같은 책도 재미있지 않을까요, 사실 과학책이 많네요."

그는 특히 '통섭'을 주제로 한 책에 관심이 많은 것으로 보였다. '카이스트 동료'였던 정재승 교수의 책을 주제로 한동안 이야기를 나누었다.

▶ 책을 읽으실 때 지향하는 바가 있습니까?

"예전하고 지금하고 달라요. 세월이 흐르고 세상은 변하는데, 한쪽으로만 읽고 빠져 들어가는 것보다 다양한 분야를 읽으려고 해요. 모르는 것이 너무 많더라고요. 전문분야를 깊이 들어가는 것보다 다양한 분야를 폭넓게 읽으려고 합니다. '모 아니면 도'가 아니라 모도 될 수 있고 도도 될 수 있는 해결책을 전혀 다른 분야에서 얻을 수 있지 않을까 생각하며 책을 읽습니다. 또는 찬사와 비난의 중간점은 무엇일까, 나는 가만히 있는데 주변상황이 바뀌면서 찬사와 비난이 번갈아 올 때가 있는데, 그럴 때 어떻게 해결해나가는 것이 옳을까, 그런 생각을 하면서요."

▶ 문제가 되는 상황이 매번 다르지 않나요. 이를테면 지금 하시는 일이 토지 개발과 보상 문제인데, 합리적으로 해결하기가 쉽지 않을 것 같습니다. 책에서 그런 힌트를 얻으시는군요.

"그런 셈이죠. 예를 들면, 지금 환경 쪽으로 문제가 많이 되고 있어요. 환경론자의 입장에서 볼 때는 제가 하는 일(그는 개발과 토지 보상 업무를 하는 충북개발공사의 사업처장을 맡고 있다)이 환경파괴나 환경오염에 해당한다고 할 수 있죠. 하지만 개발론자의 입장에서 보면 보다 풍족하고 개선된 삶을 위한 일이라고 생각할 수 있어요. 사실 양쪽의 견해가 수렴되는 접점이 없어요. 한 쪽의 단점만 바라보면 그 부분이 무척 크게 보이겠지만, 장점만 취하면 단점을 상쇄하고 남는 것도 있거든요. 그렇기 때문에 갈등이 있어도, 바로 해결이 안 되더라도 조금씩 접근하면 해결할 수 있는 길이 보이기도 합니다."

그는 토지 보상 문제에서 기획부동산 사례를 예로 들어 오랫동안 설명했다. 그리고 자연스럽게 이야기의 화두가 '영재교육'으로 넘어갔다. 할 말이 많은 듯했다.

"영재교육 이야기를 할 때 학부모들의 관심이 뭐냐 하면 대학이에요. 초등학교 저학년부터 고등학교까지 다 마찬가지입니다. 어떤 이야기가 듣고 싶은지 물어보면 가장 많이 나오는 이야기가 우리 아이가 성적을 얼마나 높여서 좋은 상급학교로 진학할 수 있을까, 그게 다예요."

▶ 어떻게 생각하세요. 영재를 모아놓으면 서로 자극을 받아 더 똑똑해질까요?

"그럴 수 있어요. 훨씬 시너지 효과가 난다는 것은 압니다. 그런데 사회에 내놓으면 다 똑같아집니다. 제가 교육학이나 교육심리 같은 분야를 전공한 것은 아니지만, 제가 체험해서 느끼는 것들이 있어요. 카이스트에서 대우교수로 있었습니다. 거기서 보면 학생들이 정말 공부를 열심히 하거든요. 고등학교는 2년, 대학은 3년 만에 마치고 대학원에 들어와요. 그리고 그때만 하더라도 군복무 혜택이 있었습니다. 5년 일하면 군 면제가 되는 것이지요. 초등학교 때부터 일찍 들어간 애들도 있습니다. 그러니까 20대 초반이면 다 대학원생이에요. 그런 학생들이라면 모두 뛰어난 능력을 발휘할 것이라고 생각하겠지만, 안에서 볼 때는 또 다른 면이 있어요."

▶ 뭐가 다릅니까?

"본인 스스로가 더 재미있고 창조적으로 일할 수 있는 것이 무엇인지 모를 수 있어요. 왜냐하면 자신이 경험한 세계가 한정된 것이기에 그곳에서만 성과를 내보이고 그렇게 해야 하는 것으로 알고 있어요. 물론 전기나 전자, 컴퓨터, 생물학 그리고 물리학과 같은 분야에서는 성과를 낼 수도 있습니다. 하지만 제가 전공한 토목공학 같은 데서는 성과가 안 나타날 것으로 생각합니다. 자기 혼자 해서는 절대로 안 되거든요. 산을 어떻게 혼자서 평지로 만들겠습니까. 기계로 쫙 민다고 되는 것이 아니라, 그 이외에 얽힌 것들이 많습니다. 허가도 받아야 하고 물길이 있으면 물길도 넘겨야 하고, 주민들과도 이야기해야 하고 또 사회적 합의도 있어야지요. 환경단체들과 대화도 해야 하고……. 그런데 토목공학에서 가르쳐 주는 것은 단지 깎는 방법과 도로를 만들거나 물길을 만들거나 하는 방법들뿐이거든요. 그런 쪽에서는 합의나 협력이 필요한 것인데, 카이스트 학생들은 혼자 해요. 여럿이 하는 팀티칭을 하면서 토론을 해도 리포트를 동료들끼리 안 보여주거든요."

▶ 무슨 말씀이세요?

"리포트를 안 보여주는 거예요. 1학년 신입생 동아리가 한 40개 됩니다. 1학년 때는 동아리에 가입합니다. 그런데 6개월 지나면 다 안 나가요. 그 시간이 아까우니까. '리포트 쓸 시간이 없다'고 생각하니까요. 그런데 제 생각은 이래요. 둘이서 같이 해서 써나가면, 그 시간을 충분히 줄일 수 있거든요. 혼자 쓰면 한 편 쓰는 데 1주일, 두 편 쓰는 데는 2주일이 걸리는데, 둘이 쓰면 네 편을 쓰는 데 1주일이면 되죠. 학문의 특성이 그렇게 다르다는 거예요. 그것을 할 줄 모르니 고민하면서 새벽 세 시, 네 시까지 혼자 쓰죠."

▶ 그러니까 협력해서 공부해야 하는 부분에서 능력이 떨어진다는 말씀이네요.

"제가 가르칠 때만 하더라도 영어로 하는 강의가 많지 않았습니다. 그런데 당시에 보면 영어로 된 수업을 들으면서 동시에 불어로 표현하는 학생들이 있었습니다. 소위 동시통역을 하는 것이죠. '너 어디서 살았니' 하고 물어보면 영어권, 불어권에서 몇 년씩 산 애들이에요. 독일어를 하면서 동시에 라틴어로 번역하는 학생들도 있었습니다. 그런 것은 잘해요. 그런데 함께 해서 문제를 풀어오는 과제가 몇 개 있습니다. 예를 들어 토목공학의 경우 교량을 건설하는데, 문제점을 발견하고 모형을 만들어 오라고 해요. 혼자 모형을 만드는 것은 힘들거든요. 만들 수는 있겠지만 시간이 걸립니다. 그런 경우에 능률이 떨어지는 것이죠. 학문의 특성상, 서로 친밀하게 협력해야 성과를 얻는 경우가 있어요. 그런 협력이 카이스트에서는 빠져 있다는 것입니다. 할 줄 몰라요. 내가 이런 것을 도움 받아야 한다는 것을 잘 모르고, 혼자 하려는 성향이 더 강한 거죠. 혼자 하려고 하다 보니, 서로 리포트를 안 보여주는 것은 다반사고, 자기 혼자 하려다 보니 시간은 더 걸리고 또 다른 활동은 더더욱 할 수 없고……."

▶ 어렸을 때 생각이 많이 나시겠네요.

"저도 혼자 했으니까, 누구도 도움을 주지 않았어요."

▶ 카이스트에 1999년부터 2004년까지 대우교수로 계셨는데, '내

가 어렸을 때 경험했는데, 이건 아니다' 라고 말해줄 기회는 많지 않았나요?

"그런 이야기는 많이 했었죠."

김응용 씨는 자신의 어린 시절과 관련해서는 말을 많이 아꼈다. 어린 시절 이야기를 꺼냈지만 답변의 대부분은 성년이 된 이후 자신의 전공과 관련된 것이었다. 그 지식은 스스로의 힘에 의해 체득한 것이다. 설명은 간결하고 이해하기 쉬웠다. 김응용 씨에 따르면 그가 전공한 토목공학은 몇 개의 하위 분야로 나뉜다. 지반을 담당하는 지반공학과 구조공학, 측량공학 등이다. 그가 전공한 것은 수공학, 즉 '물'이다. 물도 세부분야가 있다. 바닷물, 민물과 오염된 물, 이수와 치수 분야 등이다.

▶ 물을 전공하게 된 이유가 있나요?

"토목공학을 전공해 보니, 특별한 이론은 많지 않아요. 대신 고전물리학을 응용할 수 있어야 하지요. 어떤 새로운 이론이 있으면 필요한 분야에 접목시키는 것이 공학이잖아요. 고전물리 지식이 가장 많이 필요한 것이 토목공학이었습니다. 그 전에는 토목공학이 무엇인지 잘 몰랐습니다. 하다 보니 그렇게 되긴 했는데, 그 중에서도 힘을 다루는 것이 물과 구조입니다. 구조 중에서도 형태가 없는 것이 물이잖아요. 이를테면 물 1톤을 얼려 얼음을 떨어뜨리면 맞아 죽습니다. 그런데 얼지 않은 물이 떨어지면, 이를테면 폭포수 밑에서는 살 수 있거든요. 그것이 역학(力學)입니다. 흐름을 다루는 역학이 유체역학이고, 그 중에서도 물을 다루는 것이 수리학입니다. 치수(治水)도 힘에 의한 것이지요. 공부하다 보니 물 쪽을 전공하게 되었고, 그 쪽으로 할 게 많다는 것을 깨닫게 되었습니다."

▶ 공학에서 전공과목을 결정한 시기가 언제입니까? 물을 공부하겠다는.

"대학원에 들어가서입니다. 학부 때까지는 구조공학을 하고 싶었어요. 구조공학도 형체가 있고, 그게 쉽다고 이야기하기는 어렵지만 정해져 있더라고요. 말하자면 매뉴얼이 다 되어 있는 학문이에요. 또 구조공학에 대한 사회적 영향이 물이라든지 지반공학에 비해서는 작다는 생각을 했어요. 지반공학을 전공하게 되면, 지질을 전공합니다. 지진이 나면 다 파괴되잖아요. 구조공학은 개개의 건물도 될 수 있고 물건도 될 수 있습니다. 그런데 수공학은 건물이나 물건을 다루는 다른 공학보다 범위가 넓습니다. 예를 들어 다리를 하나 건설했어요. 다리를 건설했다는 것은 그 아래 물이 흐른다는 것이죠. 그런데 쓰나미 등으로 무너진 다리를 다시 건설하는데 필요한 비용이 100억이라면 재건설하는 동안 차량이 못 다니면서 생기는 경제적 손실은 훨씬 더 큽니다. 이처럼 수공학은 여타의 환경적 사회적 조건을 고려해야 하며, 또 관련되어 제기되는 문제는 이론적 응용에 있어서도 답이 없는 경우가 많습니다. 물과 관련한 이론적 문제에서 아직까지 풀리지 않은 난제 6개가 있는데, 그 중의 하나가 〈베르누이의 정리〉[1]를 이용한 유체역학에서 나온 것이거든요. 아직도 안 풀렸죠."

▶ 풀고 싶은 마음이 있으신 거죠?

"풀었다가 나중에 또 이야기가 나오면 어떻게 하려고, 그래서 안 합니다."

▶ 그래서 안 해요?

" '네가 그것을 풀 정도로 천재인데, 지금 사는 건 왜 그 모양 그 꼴이냐' 는 이야기가 나올 것 아닙니까. 〈페르마의 정리〉[2]도 안 풀리는 것인데, 페르마가 거기 조그맣게 적어놨거든요. "나는 풀 수 있지만, 종이가 모자라서 못 한다"고. 지금 풀어낸 사람이 앤드류 와일즈라는 사람인데, 유도해서 정리를 푸는 데만 책 한 권이 넘을 거예요. 아마 당시 페르마는 직관으로 풀었을 겁니다."

그의 말은, '도전' 해서 풀어가는 과정까지 상당한 시간이 걸리기 마련인데, 그 과정에서 나오는 말들이 듣기 싫어서 풀 생각을 하지 않았다는 의미일 것이다.

---

1) 베르누이의 정리: 정상류에서 에너지의 변화가 없는 경우 에너지 보존의 법칙에서 흐르고 있는 액체의 다음 상태가 변하더라도 운동 에너지, 압력 에너지 및 위치 에너지의 총합은 변하지 않는다. (출처 : 두산백과사전)
2) 페르마의 (마지막) 정리: n이 2보다 큰 자연수일 때 방정식을 만족하는 0이 아닌 정수해(x, y, z)는 존재하지 않는다는 정리. 17세기 수학자 피에르 드 페르마는 해당 문제 옆의 여백에 "나는 이 명제에 관한 놀라운 증명을 찾아냈으나 여백이 부족해 적지 않는다."라고 썼다. 그러나 이후 357년간 이 명제에 관한 증명은 나오지 않았다. 증명되지 않은 명제이므로 페르마의 마지막 정리가 아니라 '페르마 가설' 이라고 부르는 것이 옳지만, 이 명제를 증명했다는 페르마의 주장을 존중해 예전부터 '페르마의 마지막 정리' 라고 불러왔다. 그러던 중, '페르마의 마지막 정리' 는 1994년 영국의 수학자 앤드류 와일즈에 의해 최종적으로 증명되었다. (출처 : 위키백과 요약)

▶ 대학원 들어갈 생각은 왜 하신 거예요?

"학부 때 배운 것 가지고는 사회에 적용할 수 없겠다는 생각을 했습니다. 우리 사회가 대학원을 안 나오면 아무것도 아니라는 생각이 들었습니다. 대학을 나와야 일단 살아갈 수 있어요. 특히 우리나라 사회는. 어느 정도 거기에 부응해줘야겠다는 생각이 들었습니다. 어떤 주장도 학회에 가면 진지하게 논의되잖아요. 그런데 대학을 안 나오면 이야기할 기회조차 없어져요. 제 분야에서 가장 큰 학회가 수자원학회라고 있어요. 거기다 대학원에 가서 공부한 것을 요약하여 논문을 내니 수자원학회 상 같은 것도 주더군요. 그걸로 보람도 얻었죠. '이렇게 하니 남들도 알아주는구나' 하는 생각도 들었습니다."

▶ 대학을 가지 않겠다는 생각은 해보신 적 있습니까?

"안 갈 수가 없었어요. 안 가면 살아갈 수가 없었죠. 직장을 잡을 수 없는데, 이야기에서 벗어나는 것 같지만 대학 졸업장이 없으면 어디도 못 가요. 오래 전 이야기이지만······."

"예전에는 육군사관학교 근처 농촌경제연구원 뒤에 카이스트라고 있었어요."

▶ 지금도 있는 것 같은데요.

"거기가 분원으로 지점 비슷하게 남은 겁니다. 거기 취직하려고 갔었지요. 연구를 하면서도 돈은 벌어야 하잖아요. 그런데 너는 이러 이러한 자격증, 그런 자격증이 없어서 안 된다는 거예요."

▶ 그게 언제쯤입니까?

"1977년쯤입니다. 미국에서 오자마자3) 여기 있어야겠다, 취업하겠다고 들어갔더니 그런 이야기를 들은 거예요. 그때만 하더라도 큰 연구소도 없고 하여 찾아갔더니 그렇게 이야기를 하더군요. 대학 졸업장이 있어야 한다기에 초·중·고 검정고시 공부를 했습니다. 그런데 대학에 가서 4년이라는 시간을 보내야 한다는 거예요. 4년의 시간을 단축할 수는 없지 않습니까. 그것은 구조상 될 수가 없었어요. 학점을 따야 했고, 160학점인가를 따야 했습니다. 한 학기라는 기간이 있고, 정해진 시간에 학과 수업을 이수해야 학점을 딸 수 있어요. 1주일에 세 시간 이상 수강을 해야 6개월 이후에 3학점을 받습니다. 160학점은 4년이라는 시간이 있어야 받을 수 있습니다. 그러다가 중간에 문제 터지고 기사 터지고, 대학에 가고 싶은 생각이 없어지고……."

김웅용 씨가 말하는 '문제의 기사'는 1979년 대학입학 체력시험장에 기자들이 나타나 취재한 사건을 말하는 것으로 보인다. 당시 언론들은 해외에 나가 있는 것으로 알려진 그가 왜 국내에 들어와 대학시험을 봤는지, 그리고 고입 검정고시 성적이 왜 낮았는지에 대해 집중 보도했다. '실패한 천재' 이야기는 이때 만들어졌다.

"……그래서 취업하고 싶은데 인정을 못 받고, 여기(충북개발공사)

---

3) 김웅용 씨는 과거 언론 인터뷰 등에서 1970년대 후반까지 미국 동부의 콜로라도 주립대의 석·박사과정에 등록한 뒤, 일주일에 3일은 NASA의 선임연구원으로 보내는 생활을 5년 동안 했다고 말했다. 이와 관련해서는 후술.

들어오기 전, 카이스트에 있으면서 대학교수가 되려고 여기저기 지원해봤는데 그것도 마찬가지였어요. (박사)학위는 있는데, 다 떨어졌어요, 면접에서. 전문대학에도 원서를 냈는데, 이번에는 전문대는 전문기술인 양성을 목적으로 하기 때문에 기술사 자격증이 있어야 한다는 겁니다. 그래서 기술사를 따고 갔더니, 이번에는 특허가 있어야 한다는 겁니다. 특허를 가지고 바로 사용할 수 있는 사람이 학생을 가르쳐야 한대요. 그래서 특허를 하나 내고 또 노크를 했더니, 또 안 된대요. 또 다른 조건을 내세우는 거죠. 그래서 '에이, 안 간다' 포기하고 충북개발공사에 들어왔어요. 한 대학에서는 최종면접까지 갔는데 "아버지는 잘 계시냐"고 말하는 면접관이 있었어요. 그리고 떨어뜨렸습니다."

▶ 아버님이 유명하시지 않습니까?

"건국대에 계셨으니, 면접관 중 아버지를 아시는 분이 있었던 것 같습니다. 그러니까 '네가 여기 왜 왔어' 하는 거죠. 지금은 이해가 돼요. 충북개발공사에서 직원을 8명 뽑는데, 소위 말하는 SKY대학 출신 학생들도 원서를 냅니다. '지방에다 월급이 많은 것도 아니고, 그렇다고 비전이 좋은 것도 아니고, 시설도 열악한데…… 여기서의 업적도 단체에 의한 것이지 너 혼자 튀어서 업적을 낼 수 있는 것도 아니다. 그래도 들어오고 싶은가' 라고 그들에게 물어보고 싶어요. 그런데도 80 대 1이었습니다. 그만큼 취업난이 심각하니까 자신의 적성이나 자질과는 상관없이 일단 들어가고 보자는 거죠. 우리나라가 계속 이런 상태로 30, 40년이 지나면 망하는 겁니다."

▶ 취업이 어려워지는 이유는 뭘까요?

"일자리는 적은데 취업을 원하는 인구가 많기 때문이라는 식의 모범답안 말고 제가 주목하는 것은 경쟁이 문제입니다. 유치원서부터 경쟁을 하게 하니, 그렇게 되는 겁니다. 경쟁이라는 것이 먼 데를, 큰 데를 보고 하게 해야 하는데, 바로 눈앞의 것과 경쟁을 시키는 거예요. 그러면 협력은 할 수 없게 되지요. 내가 이 사람과 함께 잘해서 한 단계 올라가는 것이 아니라 내가 옆 사람을 밟고 올라가야 한다는 사고가 만연해져 있다는 거죠."

김응용 씨의 대답에서 어린 시절 읽었던 그림책이 하나 떠올랐다. 『꽃들에게 희망을』[4]이라는 제목의 그림책이다. 주인공 애벌레는 '안간힘을 쓰며 기어 올라가는' 다른 애벌레들을 본다. 그들이 기어오르는 것은 거대한 애벌레들의 탑이었다. 다른 애벌레를 짓밟아야지만 정상을 향해 한 걸음씩 올라갈 수 있다. 마침내 주인공이 다른 애벌레를 짓밟고 정상에 섰다. 하지만 거기에는 아무것도 없었다. 다만 여기저기 솟아 있는 수없이 많은 '애벌레 탑'들만이 보일 뿐이다. 허탈해진 애벌레는 아무것도 하지 않았고, 자연스럽게 그는 아래로 밀려났다. 아래에서 여전히 아등바등하던 다른 애벌레들은 "정상에는 아무것도 없다"는 그의 말을 믿지 않았다. 마침내 바닥으로 내려온 그 애

---

4) 트리나 파울로스가 1972년 지은 책이다. 원제는 'Hope for the Flowers.' 국내에서 번역본이 꾸준히 팔리고 있으며, 인터넷 사이트에서 한글로 번역된 책 내용 전체를 볼 수 있다. (http://letmeloveyou.cafe24.com/flower/f1.htm)

벌레는 고치에 들어갔다가 '나비'가 되어 그 탑 곁으로 돌아온다. 하지만 여전히 탑을 쌓고 있던 다른 애벌레들은, 선망의 대상인 그 나비가 이전에 스스로 내려갔던 애벌레라는 것을 모른다.

▶ 많은 사람들이 '김웅용 스토리'에 관심을 갖고 있는 이유 중 하나는 남들이 경험해보지 못한 '끝'을 보았다는 것이지요. 그 '끝'의 공허함을 겪고 내려와서 삶의 의미를 새롭게 바라본 것이라 생각합니다. 지금도 여전히 많은 아이들이 이유도 모르면서 끝없는 경쟁을 하고 있습니다. 그런데 한편으로 부모 마음이라는 게, 남들이 혹은 자신이 경험하지 못한 것을 더 해주고 싶어 애들에게 조금 더 좋은 기회를 만들어주고 싶어 하지요. 그러면 애한테 도움이 되지 않을까 하는 마음으로…….

"그건 맞아요. 그렇게 해주면 좋죠. 하지만 어떻게 보면 그건 부모의 욕심이에요. 마음은 이해합니다. 내가 못 해보는 것을 자식에게 시켜주겠다, 자식에게 최상의 조건을 만들어주겠다는 그 마음은 어느 부모나 다 갖고 있겠죠. 그런데 문제는 과연 이게 최상인지를 생각하지 않는 거예요. 돈이 비싸면 최고로 알죠. 가장 거품이 많이 끼어 있는 것이 교육, 특히 영재교육이에요. 정말 황당하다고 생각하는 게, 우리나라의 영재가 0.5%밖에 안 되기 때문에 앞으로 영재교육을 통해서 3%까지 끌어올리겠습니다, (교육당국이) 이렇게 말하는 거예요. 어떻게 3%까지 끌어올리겠다는 것인지 이해가 안 갑니다. 결국 그런 교육시설을 만들겠다는 거겠지요. 그런데 일단 양적으로 늘려

놓았다 치고 그렇다면 가르치는 사람은? 아무 준비도 안 되어 있거든요. 제가 사는 청주에도 영재를 가르친다는 곳이 네 군데 있어요. 그런데 그걸 가르치는 선생님들이 일반교사입니다. 그 중 한 선생님에게 '어떻게 해서 영재학교에서 가르치게 되었나' 물어보니 보직을 맡아서 3개월 연수를 다녀오고, 또 연수해서 이끈다는 거예요. 아무런 의미가 없어요. '왜 영재학교에 보내는가' 하고 부모에게 물어보면 '경쟁률이 굉장히 치열하다' 고 답합니다. 그러니까 거기에 들어가면, 그 아이들이 나중에 무엇을 할 거라는 막연한 느낌뿐이라는 겁니다. 영재 개념도 문제인데, 수학, 과학밖에 없어요. 음악에 대한 뛰어난 감성을 키우려면 뉴욕 필하모니 같은 데도 가 봐야 합니다. 그런데 그런 비용은 낭비라고 생각하고, 엉뚱한 데 투자를 하다 보니 가뜩이나 모자란 예산이 턱없이 부족하게 되지요. 게다가 시간으로 때우려고 하니 문제가 생깁니다. 전혀 영재교육이라고 할 수 없어요."

그는 한국의 영재교육에 대해 할 말이 많은 듯 보였다. 이건 자신의 어린 시절 경험이 투영된 것일까.

"……영재교육의 90%는 시간 낭비입니다. 그 필요성을 증명할 수가 없어요. 이론이나 근거가 있어야 하는데, 물론 제가 깊숙이는 모릅니다만 경험과 직관만으로도 이건 아니라는 생각을 합니다. 좀 전에 『꽃들에게 희망을』이라는 책의 내용을 이야기하셨는데, 반드시 꼭대기에 올라서야 성공이라는 생각 자체가 틀린 거예요."

▶ 그런데 사람들이 그런 기대가 있는 것 같아요. 김 선생님은 이미

그 끝을 본 사람이기 때문에, 자녀교육에서 좌충우돌하고 있는 다른 부모들에게 자신의 경험에 비춰서 충고해줄 것이 더 많지 않을까 하는 거겠지요.

"저는 아직 진행형입니다. 사실 자녀교육서를 보면 잘된 사례를 따와서 보여주는 것이니 정답이 있잖아요. 명문가들, 이를테면 율곡 이이의 집안에서는 무엇을 교육했는지 자료를 찾아낼 수 있고, 그 나름대로 잘된 점을 짚을 수 있어요. 그런데 저 같은 경우 앞으로 어떻게 될지 모르는 진행형입니다."

▶ 한 가족의 가장인데, 우리 집이 명문가가 되면 좋겠다는 생각을 하세요?

"(손을 내저으며) 성공이라는 기준도 아직 잘 정립하지 못했는데, 제가 생각하는 성공은 일반적인 성공은 아닌 것 같습니다. 일반적인 성공이란 물질적 만족에 가까워지는 성공인 것 같습니다. 예전에는 가난했어도 존경하는 선생님이 있었어요. 그런데 존경할 만한 사람이 점점 더 줄어든단 말이에요. 돈과 유명세에 더 가까워지는 것을 요즘은 성공이라고 하잖아요."

▶ 언제부턴가 '성공하세요' 라는 말을 덕담으로 많이 씁니다. 그러니까 김 선생님이 생각하는 진짜 성공이라는 건 사회에서 이야기 되는 것과 조금 다른 것이라고 이해하면 되겠죠?

"예. 분명히 10년이나 20년 전쯤에는 현 시점의 성공에 해당하는 사람이 아닌데도, 정말 존경받는, 그래서 나도 이 사람처럼 되고 싶다, 그런 사람이 사회 곳곳에 있었던 것 같거든요. 그런데 지금은 그런 사람들이 잘 보이지 않아요. 아무튼 그때는 성공에 대한 판단기준이 달랐다고 저는 보거든요. 지금은 점점 더 얼마나 유명해졌나, 돈을 얼마나 많이 벌었냐를 기준으로 옮겨가는 것 같아요."

▶ 결국 성공의 기준이 돈으로 바뀌었다는 거군요.

"명예가 부 아래로 들어간 겁니다. 영재학교에 입학하는 아이들을 보면 특히 수학을 잘하는 학생들이 보입니다. 한데 그 부모는 아이가 수학을 잘해서 사회에 공헌하는 사람이 되라는 것이 아니라, 좋은 대학교에 가서 돈을 많이 벌라는 거예요. 부모님들이 저를 만나서 하는 말이 그런 요령을 가르쳐주기를 원한다고 합니다. 그렇게 따지면 저는 성공한 것이 아니죠."

잠시 쉬는 시간을 가졌다. 김웅용 씨는 자신이 영재교육 특강에서 학생과 학부모들에게 보여줬던 프리젠테이션 파일을 보여줬다. 보는 관점에 따라 사물이 달라 보인다는 주제의 프리젠테이션이었다. 외우는 지식보다 통찰력이 중요하다는 메시지다. '성공'에 대한 그의 생각이 더 듣고 싶어졌다.

▶ 사회적으로 성공한 것으로 인정받지 못하더라도, 한 분야에 정통한 지식을 갖는 사람일수록 인류사회의 보다 큰 발전에 기여한다는 말씀이네요. 그렇다면 마니아(mania)적인 사람이 더 많아질수록 건강한 사회가 되는 겁니까?

"그렇죠."

▶ 이전에 그런 케이스를 취재한 적이 있습니다. '동전쌓기'를 하는 친구인데, 서강대 다니다가 지금은 군대를 간 걸로 알아요. 그 '동전쌓기'라는 것이 우리가 알고 있는 그냥 1자로 동전 열몇 개를 쌓는 스케일이 아니거든요. 어떻게 하면 무너지지 않을까 주도면밀하게 계산해서 동전 수백 개로 에펠탑도 만들고, 유머러스하게 변기 모양 같은 것도 만들고……. 그런데 이게 쉬운 일이 아니거든요. 하나의 작품을 만드는데 수십 시간이 걸립니다. 이 친구가 특이한 게, 그 과정을 전부 다 사진을 찍고 동영상을 찍어놓습니다. 중간에 무너지기도 하는데, 그러면 몇 시간 투자한 게 다 날아가거든요. 인상적이었던 것은 '어떤 본능'에 이끌려 계속 그 일을 하고 있다고 하는데, 다 만들고 나서도 스스로 자학하는 거예요. '나는 왜 이렇게 쓸모없는 짓을 하고 있나' 하면서.

"저는 그런 사람이 많아지는 것을 건강한 사회라고 봅니다. 그런데 중요한 게 있어요. 그런 능력을 혼자만 갖고 있으면 안 됩니다. 우리가 갖고 있는 장인의 개념이 그것입니다. 피타고라스의 정리가 맞아떨어지는 거예요. 이거 아까 거론한 거죠?"

▶ 거론하지 않으셨는데요.

"피타고라스라고 하는 유명한 사람이 있죠? '피타고라스의 정리가 뭐냐'고 물어보면 누구나 답을 해요. $a2+b2=c2$라고. 그런데 그게 뭐냐고 다시 물어보면 대답을 못해요. 그 수식을 만든 사람이 피타고라스라는 건 아는데…… 계산하는 능력이 동양과 서양이 다릅니다. 이건 언어능력의 문제예요. 구구단 배울 때 우리는 금방 외웁니다. 그런데, 구 구 팔십일을 영어로 해보셨나요?"

▶ 안 해 봤는데요.

"영어에선 11부터는 일레븐, 트웰브 이런 식으로 나가잖아요. 외우기가 굉장히 불편합니다. 2,700원짜리 물건을 사면, 우리는 5천 원을 주면 거스름돈이 바로 계산이 됩니다. 2,300원을 받으면 된다는 것을 미리 계산하잖아요. 빼기 문화에 익숙해져 있는 겁니다."

▶ 그런데 서양 사람들은 그렇게 안 합니까?

"예, 그렇게 안 합니다. 5,000원을 받으면 2,700원짜리 물건을 놓고 동전을 하나씩 세어서 확인합니다. 100원씩 더해서 2,900원, 3,000원, 4,000원이 되는 식으로요. 그 뒤에 지폐로 1,000원을 더해서 5,000원을 만든 뒤 나머지를 건네줍니다. 우리처럼 바로 '2,300원이 잔돈이구나' 식으로 암산이 안 되는 거죠. 확인하는 차원이기도 하겠지만 그렇게 거스름돈을 주거든요. 빠르지 않습니다. 수의 체계도 서양은 세 단계씩 끊어서 읽습니다."

▶ 그렇죠.

"그런데 우리는 네 자리씩 끊어 읽습니다. 천 다음에는 만이라는 단위가 따로 있고, 십만 백만 천만 다음에 1억이잖아요. 우리가 백만이라고 하는 것을 그 사람들은 '천의 천(thousand of thousand)'라고 생각해요. 우리가 수에 대해 생각할 때는 넓은 의미에서 출발해서 좁혀가는 것이고 마이너스 개념이에요. 그런데 그 사람들은 더하기 개념이에요. 그리고 수에 대한 개념은 그렇게 큰 게 필요 없었던 것이겠지요. 그러나 우리는 억 다음에는 조가 있고, 그 다음은 경, 해, 자, 양,

구 이런 식으로 계속 나갔단 말이에요. 항하사, 아승기, 나유타, 불가사의, 무량대수까지 쭉 해서 10의 88제곱까지 수의 단위가 있습니다. 어디다 쓰는지는 몰랐지만, 불교에 보면 그런 단위가 있어요. 물론 서양도 있습니다. 구골(Googol)이라는 단위인데, 10의 100제곱인가. 그건 그냥 무한이라는 개념과 같이 쓰기 위한 상상의 개념일 뿐입니다. 하지만 우리는 구체적인 개념입니다.

▶ 그러니까 동양은 수에 대해서…….

"근본적으로 더하기와 빼기에 그런 차이가 있는 것이고, 그래서 '피타고라스의 정리'라는 식이 나왔어요. 그 쪽 문화가 기록의 문화이다 보니까 기록을 했으니까 그게 나오는 것이고, 지금도 '피타고라스의 정리'로 알려져 있잖아요. 그런데 피타고라스가 태어나기 3천 년 전에 중국의 『구장산술』5)이라는 책을 보면 '피타고라스의 정리'와 같은 개념이 나옵니다. 물론 '피타고라스의 정리'라고 하지 않지요. 피타고라스의 정리는 3: 4: 5가 되는 거잖아요. 그럼 이걸 어떻게 써먹었냐. 3짜리와 4짜리, 5짜리로 선을 그어서 더하면 12가 되잖아요. 줄 하나를 12토막으로 묶어요. 그러면 3: 4 부분은 직각이 돼요. 건축을 할 때 수평을 맞추고 직각을 맞추기가 어렵잖아요. 그런데 이 지식이 기술되어 있는 것을 보면 이미 고대 중국 사람들은 '피타고라스의 정리'를 알고 있었다는 말이 됩니다. 그런데 왜 지금 현재는 '피타고라스의 정리'라고 하느냐, 저는 그게 동양의 장인정신 때문이라

---

5) 『구장산술(九章算術)』의 저자나 연대는 정확하게 알려지지 않고 있다. 다만 한(漢)나라 초기에 저술된 것으로 추정되고 있다.

고 생각합니다."

▶ 더 이야기해주시죠.

"장인정신이라는 것이 이런 겁니다. 자기 대에만 알고 끝나는 거예요. 안 가르쳐 주는 거죠. 제 생각에 그런 겁니다. '나만 알아, 우리 며느리도 몰라' 하는 신당동떡볶이 광고가 우리나라의 장인정신입니다. 안 가르쳐 주려는 것이 있잖아요. 그런데 서양 사람들은 그걸 기록으로 남겼다는 것이죠. 일본인들도 기록을 남기는 사람들입니다. 메이지 유신 때 서양 사람들의 장점이라고 생각되는 것을 적극 받아들인 거죠. 외국 문물을 받아들여 자기화시키는 데 일본 사람들이 탁월했어요. 그런데 우리는 가둬두려고만 했어요. 받아들이려는 것은 없고, 갖고만 있고, 남기려는 마음이 없었습니다. 장인정신과 관련해서 이야기하고 싶은 것은 서로 혼자 하려는 성향이 너무 강하면 문제가 생길 수 있다는 것입니다."

김웅용 씨의 주장은 앞에서 카이스트 학생들의 문화를 언급하면서 거론했던 주제와 상통한다.

"이 사회가 알게 모르게 그렇게 되어 있어요. 우승을 하고 1등을 한 사람을 진심으로 축하해주고 박수쳐주는 그런 문화가 부족해요. 그러다 보니 역설적으로 1등만 추구하게 됩니다. 특히 체육이나 운동 쪽에서 그런 것이 더 심하잖아요. 아시안 게임에서 동메달 따는 거, 이거 사실은 어려운 겁니다. 그런데 누가 동메달을 땄는지, 아무도 몰라요. 상금에서도 현격한 차이가 나고. 그래서 그런 말이 있잖아요.

'1등만 기억하는 더러운 세상'. 그런 식의 자조적 개그가 사회에 팽배해지게 된 걸 어떻게 표현해야 할지 모르겠습니다."

생각이 완전히 정리된 것 같지는 않았다. 그는 자신이 아직도 "삶을 공부하는 과정"에 있다고 말했다.

"현재 결론이라고 하기는 그렇고, 중간 방점을 찍는다면 처음부터 하나만 깊이 파고 들어가는 것보다 다양한 경험을 해서 그 중 어느 하나를 찾아들어가는 것이 우리 사회에 도움이 되지 않을까 생각합니다. 사실 제가 학교 다닐 때는 하나만 해도 상관없었을 겁니다. 유체역학이나 수리학이 제 전공이니까. 하지만 '다른 과목은 뭐 없을까' 하면서 찾아서 한 것이 많았습니다. 개인적으로는 가르치는 것과 배우는 것 중에 가르치는 것이 오히려 쉽다고 생각해요. 내가 필요한 부분을 가르친다는 것은 긍정이 되거든요. 수학이나 다른 것을 가르칠 때도 '상대편이 이해하지 못하면 어떡할까' 하는 생각으로 이야기를 하게 됩니다. 이 친구에게 어떻게 설명해주면 될까라는 생각으로 이야기한다는 말이에요. 그런데 학생 때 그렇게 공부하면 훨씬 더 능률적이고 효과적이라는 생각이 듭니다. 그런데 그렇게 되기 위해서는 경험이 어느 정도 쌓여야 합니다. 적어도 초등학교 5, 6학년 정도는 되어야, 그 이상 생각하고 빨리 보게 되죠. 제 또래가 중학교에 다닐 때는 수학이 굉장히 어려웠어요. 그런데 고등학교에 올라가서 특별히 공부한 것도 아닌데, 다시 중학교 때 수학을 보면 쉬운 경우가 생기거든요. 왜 그런가 하면, 다른 경험들이 지식으로 변화하여 이쪽 개념을 더 넓게 볼 수 있게 한다는 거죠. 그러기 위해선 폭넓은 경험을 쌓으며 시간이 어느 정도 흘러야 합니다."

▶ 그렇군요.

"강의 이야기가 나와서 말인데, 여름학기에 하는 썸머 스쿨도 해봤어요. 한 학기에 해야 하는 것을 한 달 동안 끝내는 것이지요. 학점제니까 그것이 가능한 겁니다. 하지만 한 달 동안 해서 얻을 수 있는 지식이 있고, 육 개월 해야 쌓일 수 있는 지식이 있지요. 그럼에도 불구하고, 학점이라는 명목 아래 한 달 만에 끝내는 거예요. 그런 식으로 꾸준히 한다면 1년이면 대학을 졸업할 수 있잖아요. 그런데 그렇게 대학을 졸업한다면 4년 동안 경험한 것과 같은 결과는 얻지 못할 겁니다. 어느 정도 기본적인 시간은 필요합니다."

▶ 이것을 초중등 교육에 적용시켜 본다면, 아이들에게 경험을 많이 쌓게 해줘야 한다는 말씀인가요?

"그런 결론이 나겠죠? 그런데 '집중교육'이라는 것이 2012년부터 새로 생겼다고 해요. 그게 뭐냐면, 가정이나 사회, 체육 이런 것을 단위라고 이야기하는데, 그게 1단위~2단위밖에 안 된다는 거예요."

▶ 단위?

"그러니까 1주일에 1시간밖에 안 가르쳐 준다는 겁니다. 역사 같은 과목은, 우리 애가 고등학생이 아니라 중학생이니까 중학교밖에 이야기를 못하겠는데, 단위 수가 적다 보니 수업이 1주일에 한 번만 있습니다. 특히 '가정'이나 '기술' 같은 경우, 3년 치를 한꺼번에 배워요. 썸머 스쿨처럼 말이죠. 2학년이나 3학년에 올라가서는 안 배웁니다.

대신 그 동안 못 배운 것을 배워요. 예를 들어 '사회'라고 한다면 2학년 때 1, 2, 3학년 것을 한꺼번에 집중해서 배웁니다. 그것이 효과가 있는 경우가 있지만, '가정'이나 '사회' 같은 과목은 시간이 흘러야 습득이 가능하지요. 수학은 3년 치를 1년에 한꺼번에 할 수도 있지만 역사나 사회는 불가능합니다. 그런데 지금 시수로 묶어서 그렇게 가르치고 있습니다. 그래도 교과과정이라고 만들어놓은 것인데 비판하면 안 되겠죠?

▶ 왜 비판하면 안 됩니까. 충분히 비판받을 만한 것 같은데요.

"'가정' 같은 과목은 실습이 더 중요하잖아요. 남학생들도 요즘 다 '가정'을 배우는데 '바느질하기' 같은 걸 숙제로 해 가야 합니다. 그런데 바느질은 시간이 필요한 거예요. 한 시간 배워서 다 습득할 수 있는 것이 아니라 적어도 서너 시간 동안 자기가 직접 해봐야 압니다. 그런데 지금은 어떻게 되어 있느냐 하면, 엄마가 해줍니다. 선생님들도 그걸 알아요. 축구를 하려 해도 요즘은 축구 학원을 보내야 합니다. 친구가 없어요. 심지어는 학원 안 가고 낮에 돌아다니는 친구는 불량학생이라고 합니다. 적어도 우리 나이 또래는 친구들과 어울려 놀고, 저녁때 해질 무렵쯤 돼서 깜깜해지면 집에 들어갔거든요. 그게 얼마나 큰 경험이었습니까. 그런데 지금은 축구를 하는 데 돈을 내고 1주일에 몇 시간씩 배웁니다. 그렇게 해서 과연 필요한 경험을 자연스럽게 쌓을 수 있을까요?"

맞는 말이다. 그 모든 말이 아이를 기르면서 겪었던 구체적인 경험에서 나온 것이다. 김웅용 씨의 말이 빨라졌다. 학부모로서 겪은 한국

교육 시스템에 대한 비판이다.

"아이들이 수학에서 제일 싫어하는 것이 증명 문제예요. 제일 재미있어 해야 하는 과목인데도 불구하고 뭐를 증명하라고 하면 싫어해요. 또 제일 흥미 없어 하는 것이 통계학이지요. 왜? '통계학 두 시간 공부할 거 차라리 다른 과목 한 시간 공부해서 점수를 더 얻는 게 낫다' 이렇게 생각하기 때문입니다. 좋은 대학 가서 출세하고 돈 많이 벌고 유명해지기 위한 수단으로 생각하는 것이죠."

▶ 나는 과거에 이렇게 했었는데⋯⋯. 지금 한 분야만 해서는 안 된다는 말씀에서 저는 이전에 후지TV에 출연해서 미분 적분을 푸신 거나, 이전에 아버님께서 핵물리학 전공을 시키겠다, 그런 말씀을 언론 인터뷰에서 하셨던 것이 떠오르는데⋯⋯. 스스로 경험하신 것에 비추어봤을 때 그건 본인이 원한 게 아니라는 건가요.

사실은 조심스러운 질문이었다. 20대 이전의 김웅용 씨 삶에 대한 물음이기 때문에.

"반은 그렇고 반은 그렇지 않다는 생각이 드네요. 나사(NASA) 연구소에 계속 있었으면 논문쓰기가 훨씬 편해졌을 겁니다. 논문이라는 것도 학계에 발표할 때는 임팩트 팩터(Impact factor)라는 것을 줘요. 임팩트 팩터가 뭐냐하면 얼마만큼 가중치를 두느냐 하는 건데요. 가점지수, 인용지수라는 것이 있어요. 내가 쓴 논문을 다른 사람들이 많이 인용한다면 그만큼 노벨상에 가까워지는 거죠. 나사에 소속되어 있으면서 나오는 논문은 임팩트 팩터가 크기 때문에, 우리나라 웬

만한 데는 다 갔을 겁니다. 우리나라에서 대학교수를 하고 싶다면, 나사에서 한 편만 내면 큰 도움이 되었겠지요. 그런 것은 있어요."

▶ 후회되지 않으세요? 돌아오신 게.

"처음에는, 딱 막혔을 때 후회했었습니다. 어떻게 먹고 사나. 그런데 후회보다도 거기 있었던 시간이 더 힘들었어요. 처음에는 다른 사람이 왜 그걸 부러워하지 하고 생각했는데, 지금 생각하면 부러워할 수도 있겠구나, 라고 생각합니다. 하지만 그 당시로 다시 돌아가서 또 갈 거니 하면 안 갑니다. 군대와 같아요. 남자라면 군대는 한 번 다녀와야 할 곳이라고 생각하지만, 지금도 '그 당시로 돌아가 볼래?' 라고 묻는다면 두 번 다시 가기 싫다, 그런 느낌입니다."

▶ 이야기하기는 조심스럽지만 천재소년이라고 일컬어지는 송유근[6] 군을 보면, 다른 보통의 평범한 사람들의 눈에는 띄지 않지만 김 선생님의 눈에 보이는 그 친구가 처한 상황, 그런 게 있겠네요?

"그럼요. 그 이야기를 하면 그 친구가 싫어할까봐 안 하는 것입니

---

[6] 송유근: 1997년 11월 경기도 구리시에서 출생. '천재소년' 이라는 별명이 있음. 다른 아이들보다 1년 늦게 유치원에 입학했는데, 다른 아이들과 잘 어울리지 못해 집에서 독학으로 공부함. 그런데 이해력이 남달라 순식간에 초·중·고 과정을 떼고 대학 수학·물리학 과정을 공부. 2004년부터 인하대학교 영재교육원에서 교육, 2004년 11월에는 남양주 심석초등학교 6학년에 입학한 뒤, 9개월 만에 초중고과정을 모두 수료했다. 2005년 2월 졸업 예정이었으나 당시 교육인적자원부가 반대해 졸업하지 못했다. 송유근의 부모가 행정소송을 내 승소한 뒤 2006년 인하대 자연과학과에 합격해 입학했다. 대학 3학년이었던 2008년, 독학학위제 시험으로 전자계산학 학사 학위를 받고 2009년 과학기술연합대학원대학교 천문우주과학 전공에 입학했다. 현재 한국천문연구원에서 천체물리학을 전공 중. (출처 : 위키백과 요약)

다. 그 친구도 자기 혼자가 아니잖아요. 부모님도 있을 것이고 연결되어 있는 선생님도 있을 것이고. 주변에 많은 친척이나 아는 사람, 그 다음에 그가 잘되기를 바라는 일반인들. 그런 사람들이 다 엮여 있어요. 얽히고설켜 있으니 그 사람 한 면을 가지고 잘했다, 잘못했다라고 이야기할 수는 없어요. 그리고 제가 겪었던 것과는 다른 상황일 것이고. 그래서 함부로 이야기하기는 뭐합니다. 그런데 자꾸 비교를 하는 거죠. 제가 겪었던 상황과."

▶ (웃음) 그런데 비교당하는 거 싫지 않습니까?

"'실패 케이스'라면서 말을 해요. '그 당시에 실패했던 대표 케이스인데 거기에 대해 한 말씀 해주십시오'. '그때 천재이셨는데, 천재로 느낀 영감 같은 걸 이야기해주세요' 이렇게 말합니다. 그렇게 말하면 저는 말합니다. '저는 천재가 아닙니다. 천재가 아니기 때문에 실패한 것도 없어요.' 왜 올려놓았다가 다시 떨어뜨리느냐는 거예요. 올릴 필요도 없는데, 나는 올라갈 생각도 안 하는데, 그걸 올라갔다고 자기들 마음대로 생각한 뒤 다시 떨어뜨려놓고서 왜 떨어졌냐고 물어보거든요. 꼭 이런 질문을 누군가 합니다. '행복하십니까?' 그러면 제 대답은 이렇습니다. '예, 행복합니다.' 그러면 돌아오는 답은 이래요. '에이~ 행복하지 않을 텐데요, 그럴 리가 없을 텐데요.' 그러면 제가 더 이상 무슨 말을 하겠어요. 물어보는 당사자가 그렇게 생각한다는데. 내가 행복하다고 하는데도, 마치 내 마음 속을 들어와 봤다 나간 것처럼 아니라고 말하는데…… 그것도 어느 정도 시간이 지나고 나니까 이렇게 말을 할 수 있는 거예요. 예전 같으면 화를 내거나 회피했겠지요. 좀더 젊었으면 반박하거나, 뭐 공격적으로 되받았겠죠. 그런데 지금은 그렇게 이야기해도 별다른 생각도 없고, 단지 싫을 뿐입니다."

▶ 평범한 사람이 생각하는 것은 이거예요. 3~4살 때 미분 적분을 풀었다면 열 살, 열한 살, 스무 살이 되면 얼마나 더 높은 성취를 하겠나, 그런 생각을 했을 텐데. 그런 질문을 많이 듣지 않았나요.

"많이 들었죠."

▶ 이런 생각을 하게 됩니다. 1995년도에 삼풍백화점 사고 났을 때 거의 14일 만에 구조된 여성이 있었어요. 그 여성의 입장에서 보면 그 사건은 잊고 싶은 커다란 트라우마이고, 하루 빨리 다른 삶을 살기를 원할 겁니다. 그런데 사람들은 자꾸 그 때 그 사고 이야기를 꺼내려 합니다. 김웅용 선생님도 마찬가지일 것 같습니다. 제가 그런 경험이 없다 보니 그랬을 때 그 느낌, 기분은 어떨까……. 솔직히 그게 참 궁금하기는 합니다.

"이전에 저는 동물원의 원숭이였어요. 그리고 지금도 계속 원숭이로 만들려고 하고. 그것은 어쩔 수 없어요. 내가 짊어지고 가야 할 일이니. 하지만 나는 처음부터 원숭이가 아니었어요."

▶ 김 선생님께서는 동물원의 원숭이 같은 처지였다고 생각하실지 모르지만 사람들은 특별한 사람이라고 생각했던 건 아닌가요.

"그렇다고 보지 않아요. 하다못해 만지기도 많이 하고 사인을 해라, 글씨 한번 써봐라, 문제를 내주고선 풀어봐라 하는 등. 별일이 많았으니까."

▶ 과거의 기사 자료를 보니까 어린이 모델로 쓰려 하는 광고 요청도 많았고, 점치는 사람들은 손금을 보자고 했다면서요?

"실제로 와서 손금을 본 사람도 있었어요. 일본 사람이었는데, 그런데 손금은 변하는 것입니다. 내 손금도 그대로 있지 않아요. 변하는 손금을 보면서 어떻게 미래를 예측한다고 하는지 모르겠어요."

▶ 김웅용 선생님의 인생의 목표는 무엇인가요?

"구체적인 목표가 뚜렷하게 정해진 것은 없지만, 지금처럼 이렇게, 이 삶이 계속 유지되었으면 좋겠습니다. 그게 내 목표예요. 그런데 사람들은 '당연한 것을 왜 목표로 삼느냐'고 말을 합니다. 제 말은 그 당연한 것이 어려운 일이고, 평범이라는 것이 정말 어렵다는 거지요. 평범한 삶을 산다는 게."

▶ 그게 정말 어려운 일인가요?

"어렵죠. 그것은 쟁취해 나가야 합니다. 한쪽으로 치우칠수록 성공이라고 생각하는데, 그게 아니라 치우치지 않고 사는 것이죠. 그게 평범함입니다. 평범함 속에는 건강도 있고 가족들의 평안함도 있어요. 또 주변 친구들, 이웃들에 대한 사랑도 있습니다. 잘 지내는 거예요. 안 싸우고. 그런 게 계속 유지되어야 내가 평범하게 있을 수 있는 거예요. 또 빚도 져서는 안 되고. 빚을 졌더라도 조금 지나면 갚을 수 있도록 예견이 되어야 합니다. 돈을 좇다보면 정작 중요한 것을 놓치게 됩니다. 그래서 제가 학원을 안 합니다."

▶ 학원이요?

"한 10개 차리면 잘될 것 아니냐는 사람들을 수없이 봐왔어요. 실제로 학원 운영하는 사람들이 많이 찾아왔고. 학원 간판에다가 뭐라고 쓸 거냐고 물어보니 제 이름과 스타강사라는 걸 쓰겠다는 겁니다. 그게 잘못된 거예요, 벌써. 저를 불행하게 만드는 겁니다. 평범하지 않도록 하는 겁니다. 그래서 안 한다고 했어요. 그렇게 해서 돈을 벌 수 있을지 모르죠. 하지만 그 다음부터 무너지게 됩니다. 그러면 내가 내 명(命)에 못 사는 거지요."

화제는 다시 '자녀 교육'으로 돌아왔다. 김웅용 씨는 "내 자녀 교육 방법이 정답은 아니다"라면서도 두 아들을 초등학교, 중학교까지 키운 자신의 경험에 대해 말했다.

"큰애가 어릴 적에 하도 병약해서 운동을 시켰더니 성격도 많이 달라지고 외향적이 되었어요. 교육대학교 부설 초등학교를 보냈는데, 행운이었던 것이 우선 선생님들이 젊었고, 또 선생님들의 성비가 같았습니다. 요즘 그런 학교가 거의 없거든요. 여자선생님들이 많아요. 거기에다 반수도 작았는데, 세 반밖에 없었습니다. 운이 좋았습니다. 일반학교처럼 숙제를 내주는 것도 아니었고 가능하면 체험 위주의 학습을 시키려고 했어요. 그런데 학교가 집과 거리가 멀어서 스쿨버스를 타게 되었습니다. 바로 가면 30분 거리인데 시내를 빙 돌다 보니 거의 1시간 가까이 도는 스쿨버스를 타고 학교를 6년 동안 다닌 거예요. 그런 건 단점이겠죠. 그런데 나중에 보니 그게 또 장점이 되었습니다. 다른 애들은 초등 6학년이 되어도 학교와 집 주위밖에 모르는데, 애는 시 전체를 알고 있었어요. 3학년 때 스쿨버스를 놓치고는 걸어서 온 적이 있는데, 그런 경험이 있으니까 4학년 때는 서울에 있는 친척 집에 혼자 보내봤어요. 고속버스 태워서요. 그것도 갑자기 하면 못 하거든요. 또 5학년 때는 혼자 유럽을 보냈습니다. 이탈리아에 내 동생, 그러니까 그애 고모가 있어요."

▶ 예용 씨였죠.

"예. 비행기를 태워 보냈는데, 그 비행기가 갈아타는 비행기였어요. 수속하고 뭐 그런 것들은 부모를 따라가 봤으니 눈여겨봤기는 했을 텐데 아무래도 불안하죠. 갈아타는 데서 다섯 시간을 기다려야 하는데, 혹시 미아가 되면 어쩌나 하는 생각도 없지 않았지만, 그래도 한번 해보라고 했어요. 나중에 물어보니 스튜어디스를 계속 따라다녔대요, 자기도 불안하고 겁나고 했으니까. 그 전에 있던 경험이 밑바탕이 된 거죠. 물론 고모가 마중 나와 있었지만 본인이 혼자 했다는 것 자체가 모험이고 또 경험이 되었을 것입니다. 그러다 보니 아이가 한 계단씩 더 성장하는 것을 느끼게 됩니다."

▶ 어렸을 때의 김웅용 선생님의 경험과 비교한다면 다른 점도 있을까요?

"다른 점은, 저는 이전에 축적된 경험이 없이 바로 나갔잖아요. 얼마나 두려웠는지 모릅니다. 처음에 혼자 외국에 갔을 때. 그 기억이 아직까지 나는 걸 보면 엄청나게 두려웠던 것 같아요. 깜깜한 데 나 혼자 내팽개쳐지는 느낌이었습니다."

▶ 그때 어머니와 같이 안 가셨나요.

"저 혼자 갔어요."

▶ 미국 간 거 말씀하시는 거죠, 콜로라도 주립대학교?

"그렇죠. 연락을 받고 마중 나오는 사람도 처음 보는 외국인이었는데, 피켓을 들고 기다리고 있었습니다. 저를 그 사람에게 맡겨야 되는 거예요. 그 사람이 없으면 나는 죽는 거나 다름없었고. 그래서 꼭 찾아야 되는 거죠. 지금처럼 여차하면 핸드폰으로 전화할 수도 없는 때였으니."

▶ 그러셨겠네요.

"당시는 우리 집에도 전화가 없었던 시대였지요. 유일하게 할 수 있었던 것이, 엽서를 보내는 거였습니다. 그런데 우표 값도 굉장히 비쌌습니다. 엽서에 조금이라도 더 써야 하니 깨알 같은 글씨로 하고 싶은 말을 적어 보냈는데, 배편으로 보내면 한 달에서 40일 정도 걸렸고 비행기 편이면 보름 정도 걸리더라고요. 지금처럼 항공 택배로 보내면 3-4일 만에 오는 것도 아니고, 그런 경험이 달랐습니다. 부모가, 저와 애 엄마가 그런 교육을 시킨 거예요. 그런 것은 수학을 잘해서 할 수 있는 것도 아니고, 말을 잘한다고 되는 것이 아니잖아요. 말이 안 통하는 곳이니까. 오로지 경험에 의해서 할 수 있는 거죠. 큰애가 그런 경험이 쌓이니까 초등학생 때 전교 어린이 부회장에 나갔습니다. 부모가 극성맞다, 라고 할 수도 있지만 자기가 나가려고 했습니다. 그런데 회장 부회장하는 것은 공부를 잘한다고 되는 게 아니잖아요. 투표를 통해서 하는 것이기 때문에 인기가 있어야만 할 수 있습니다."

▶ 첫째애가 전교 어린이 부회장?

"예. 출마하겠다고 하기에 '너 나가서 잘 할 수 있겠니, 연설도 해야 하고 요즘에는 피켓도 들고 명함도 돌린다고 하는데' 라고 내가 물어 보기도 했어요. 나중에 당선되었다고 하니 그렇게 기쁘던데요. 공부 1등 했다는 것보다 더 기쁘더라고요."

김웅용 씨가 서랍장을 열더니 스크랩해두었던 당시 어린이 부회장 선거 관련 자료를 들고 와서 보여줬다. 뿌듯해하는 눈치다.

▶ 본인이 만든 겁니까, 만들어준 겁니까?

"아빠, 그러니까 제가 만들어준 거죠. 자기가 한다고 하니까."

▶ 5학년 때 부회장을 했네요.

"예, 회장은 6학년이 하는 거니까. 그런데 중학교에 가니까 또 문제가 생겼어요. 저희가 가경동에 사는데, 가까운 중학교에 바로 옆 가경초등학교에서 반, 그 옆에 있는 경덕초등학교에서 반이 입학했어요. 아이는 스쿨버스를 타고 멀리 있는 초등학교를 다녔는데, 그 학교에서는 4명밖에 안 왔어요. 그런데 중학교에 가서 3월 초에 반장 선거를 하는데 반장을 하고 싶대요. 이미 같은 반에는 가경초등학교에서 전교 어린이 회장을 했던 학생이 있었지요. 그래서 '아빠가 할 수 있는 것도 아니고, 네가 1등 한다고 되는 것도 아니다' 라고 설명했죠. 그런데 입학한 다음 날 저한테 용돈을 달라고 하더니 밤 9시에 들어왔어요. 제가 생각하기를 이 애가 충격을 받았구나. 어린이 부회장도 하고 주위에서 어울려 놀고 따라주는 애들이 있었으니 자기가 대단한 줄 알고 컸을 거 아니에요? 그렇게 살았는데, 환경이 확 바뀌니까…… 사춘기가 벌써 왔나 그런 생각을 했어요."

▶ 올해 2학년에 올라간 거죠?

"그렇죠. 2일날 입학했으면, 그 다음 주 8일이 반장 선거일인데, 풀이 죽어서 들어올 줄 알았습니다. 그런데 '반장이 됐다'고 왔어요. '어떻게 된 거냐'고 물어보니 입학한 날부터 친구를 사귀기 시작했답니다. 그래서 저녁 8시, 9시에 들어온 거였어요. 1주일 사이에 친해져서 반장이 된 겁니다."

▶ 나중에 그러다가 정치인 하겠다면 어떻게 해요? (하하)

"그러니까, 그런 것은 공부해서 되는 것이 아니잖아요. 그런 것은 경험에 의해서 얻어지는 것이지요. 몸이 약해서 시작한 운동이 애 성격을 바꿔놓고 성향까지 바꿔놓는 것을 보고 공부하면 공부도 잘 할 수 있겠구나 하는 가능성과 희망을 갖게 되었습니다. 그런데 왜 이런 식으로 아이 이야기를 하는가 하면, '아드님도 공부를 잘하나요?' 라는 질문을 너무 많이 받아요. 인과관계가 있는 것처럼 물어봐요. 아버지가 이전에 천재였으니 아이도 당연히 그런 게 아닌가 하는."

▶ 주변 사람들이 보는 시선도 쉽지 않군요.

"그러니까 이런 식으로 묻습니다. '아이는 공부 잘해요? 어떻게 교육시키세요?' 그래서 '이래저래 교육시키고 있다'라고 답하면 '그런 것 말고 공부하는 방법을 가르쳐 주세요'라고 답이 돌아옵니다. '저는 이렇게 공부를 시킵니다'라고 말하면, 다시 '그것은요, 생활 운동하는 것이고 수학은 어떻게 가르쳐주시고 과학은 어떻게 가르치시는지 알려 주세요.'라고 합니다. 질문의 의도는 알겠습니다. 하지만 잘못 물어보는 것이에요. 결과만 얻겠다는 것 아니겠어요. 그렇게 결과를 얻는다 하더라도 그게 과연 행복한 삶이냐는 거예요. 아니라는 것이 제 생각입니다."

마무리 시점이 온 것 같다.
▶ 평범한 생활을 유지하는 것이 어렵다는 말씀을 하셨습니다. 저도 아이가 부모의 생각과 관심을 벗어나는 것을 보면 슬플 거 같아요. 이를테면 아버지가 운동이나 여행 등 이런 저런 것을 같이 하자고 했을 때, 싫다고 대답하면.
"자기 친구랑 하려고 하겠죠. 부모보다는 친구가 더 좋은 거니까. 그런 것을 인정해야 할 겁니다."
▶ 그렇겠죠.
"보통은 인정하기 쉽지 않아요. 그래도 아직까지는 내가 낳은 자식인데, 내가 너를 어떻게 키웠는데 왜 그러느냐는 식의 생각이 들겠죠. 서운해서 이야기하는 부모님들은 초등학교 입학하기 전에 아이들 재롱을 보면서 기쁨을 얻었다고 봐요."
▶ 나중에 애가 커서 집을 떠나면 쓸쓸할 것 같아요. 자기 살 길 찾아가고 독립하면.
"부인은 남편한테, 남편은 부인한테 서로 기대고 사는 것이죠. 두 사람 다 건강해야 평범해지는 거죠. 아프면 계속 근심을 갖고 있을 것 아니에요. 건강도 챙겨야 합니다. 저는 지금 당뇨를 앓고 있어서, 아주 건강한 것은 아닙니다. 그런데 저 스스로는 괜찮아요. 하지만 아내 입장에서는 불안할 겁니다. 담배 피우는 것도 그렇고, 퇴근하면 다른 약속 없이 집에 와서 앉아 있으면 좋아할 것 같은데, 과연 그렇게 되면 행복해지는 것인지, 또 그건 아닌 것 같거든요.(웃음)"

▶ 쉽지 않은 문제네요.

"중요한 것은 불행이 찾아오지 않도록 순간순간의 행복을 위해 계속 노력해야 하는 것입니다. 누군가 나에게 '지금은 어떻게 지내세요'라고 묻는다면, 웃으며 '행복합니다'라고 대답할 겁니다. 더 이상은 없어요. 뭐가 있겠어요."

에필로그

"아저씨 누나들 고맙습니다. 땡땡땡 시계가 3時를 칩니다. 저는 이렇게 고요한 밤중에 혼자서 공부하는 것이 참 좋아요. 글도 쓰고 數學 問題도 풀고 하지요. 오늘은 저의 책 『별한테 물어 봐라』를 읽어주시는 여러 아저씨, 아주머니, 형님, 누나들에게 편지를 쓰고 싶어졌어요. 이 어린 제가 쓴 글들이 책이 되어 나오다니 좋기도 하고 한편으로는 부끄럽기도 해요. 그래도 모두들 참 재미있다고 칭찬하는 편지를 자꾸 보내주니 마음이 기뻐요. 제 책을 읽어주신 여러분들 고맙습니다. 이 고마움을 가슴 속에 깊이 새겨 더 열심히 공부하겠어요. 저는 오는 9월에 美國으로 유학가게 되었어요. 미국 가서 모르는 것 배워서 世界를 하나로 만드는 科學者가 되겠어요. 그럼 안녕히 계세요."

1966년 7월 26일, 《경향신문》과 《동아일보》 1면에 실린 책 광고다. 이 광고 문안 작성자는 김웅용 씨다. 1963년생이니 당시 만나이로 세 살, 우리 나이로 네 살이다. 당시 언론보도에 따르면 『별한테 물어 봐라』는 베스트셀러였다.

이 광고에는 이런 말이 덧붙여져 있다. "3世天才가 불러일으킨 이 絶讚! 人氣!" 광고를 낼 당시 46판을 찍고 있었다. 책은 10만 부가 팔렸으며, 세계 여러 나라 언어로 번역되었다. 하지만 지금 이 책은 구하기 어렵다.

'IQ 210'은 그를 수식하는 말이었다. 2012년 9월, 그의 반생을 조명한 'MBC 스페셜' 방영 제목도 〈IQ 210 천재 김웅용〉이었다.

김웅용 씨를 따라다니는 말은 이런 것이었다. "생후 80일엔 걸어다닐 수 있었고, 생후 100일에는 19개의 이가 한꺼번에 났음. '엄마'라는 단어를 말하는 것이 가능. 생후 6개월에는 간단한 문장을 말할 수 있었고, 만 2세인 3세부터 일기를 쓰기 시작. 『별한테 물어 봐라』는 김씨의 일기와 시, 그림, 그리고 어머니의 육아일기 등을 묶어 낸 책이다.

앞의 광고에서는 9월 도미 유학을 언급하고 있지만 그것은 이뤄지지 않았다. 대신 이듬해 일본에 건너가 후지TV의 프로그램인 〈만국깜짝쇼〉에 출연, 도쿄대 학생들과 수학문제를 푸는 대결을 펼쳤다.

당시 언론들의 관심도 대단했다. 언론이 전하는 김웅용 씨의 일본 도쿄 인상은 다음과 같았다. "집은 피라미드를 거꾸로 세워놓았고 사람은 머리가 크고 귀와 코도 크고 눈은 위를 쳐다보고 있고 눈썹이 없었다. 땅이 좁아 집은 위가 넓어지고 듣는 것이 많아서 귀가 크며, 음식점이 많고······" 또한 이런 장래 포부도 밝혔다. "세계를 하나로 묶을 과학자가 되겠다."

1968년 1월 1일, 당시 《경향신문》은 "1970년대를 바라보는 '한양대 과학교육과 1년 청강생 네 살 신동' 김웅용 군의 그림"이라는 제목으로 김웅용 씨의 그림 세 컷을 싣고 있다. 지지대가 허약한 고층건물, 아파트, 공장의 그림 밑에는 당시 네 살의 그가 넣은 듯한 "←아무래도 기둥이 약합니다"라는 설명이 붙어 있다. 또 다른 그림은 아이와 어른 눈 안에 TV가 들어가 있는 그림이다. 여기에 붙어 있는 설명은 이렇다. "아저씨―얼굴이 왜 칼라로 보여요. 그건 네 눈이 칼라 테리비전을 닮아서 그런 거야." 가운데 그림이 가장 그 나이 또래의 아이다운 발상이다. 서울과 부산 사이에 높은 탑이 서 있고, 사람들과 자동차들이 그 사이를 왕복한다. 동력원은 그 밑에 붙어 있는 '전자단추'이다.

그런데 궁금하다. 신드롬 혹은 소동이라고 이름을 붙일 수 있는 이 모든 이야기의 첫 '단추'는 어디서부터 시작된 것일까.

1968년 한양대학교에 청강생으로 다닐 때 네 살 무렵의 김웅용. 한양대 김연준 총장과 악수하는 모습.

부록 | 2012년 봄, 한국

왼쪽 위에서부터
『별한테 물어 봐』 이후 일본에서
출판된 김웅용의 책, 『4세의 대학생』.
이 책에는 시 68편, 작문 31편과
그림 등이 실려 있다.
그 아래는 일본의 방송국에서의 사진.
옆의 페이지는 책에 실린 독일어 글씨들과
한자, 수식들.

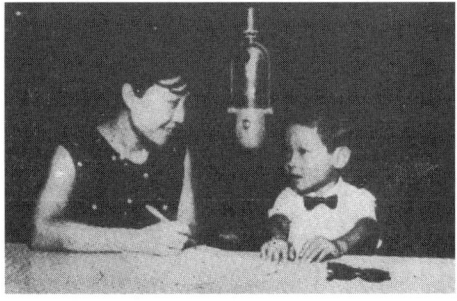

아래의 왼쪽은 칠판 앞에서 수식을
푸는 모습이고, 오른쪽은 김웅용과
두 동생들이 놀이를 하고 있는 사진.

Der Knabe der
am Fenster steht,
zang Yong.
Ich habe einen
Vater und eine
Mutter, die nenne
ich meine Eltern.
Was schön ist,
vergeht leicht

Wer Arbeit hat
ist glücklich.
Das Buch, das
ich gekauft habe
ist sehr interes-
sant. Ich kämp-
fe für das Vater-
land. Gute Kinder
sind immer
geduldig. Die
Sonne ist größer

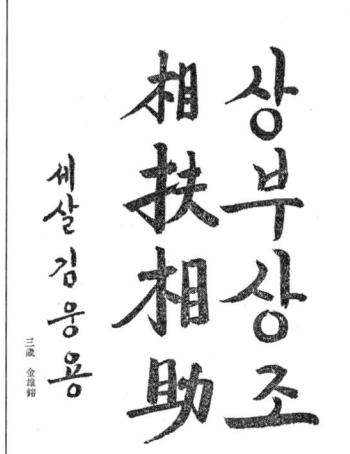

$$\int (x+2)^2 (x-3) dx$$
$$= \int (x^3 - x^2 - 8x - 12) dx$$
$$= \frac{1}{4}x^4 + \frac{1}{3}x^3 - 4x^2 - 12x + C$$

$$\int_0^4 (\sqrt{x}+1)^2 dx$$
$$= \int_0^4 (x + 2\sqrt{x} + 1) dx$$
$$= \left[\frac{1}{2}x^2 + 2 \times \frac{2}{3}x^{\frac{3}{2}} + x \right]_0^4$$
$$= \frac{68}{3}$$

$$\int_{-1}^{1} (x+5)(2x-3) dx$$
$$= \int_{-1}^{1} (2x^2 + 7x - 15) dx$$
$$= \left[\frac{2}{3}x^3 + \frac{7}{2}x^2 - 15x \right]_{-1}^{1}$$
$$= \left(\frac{2}{3} + \frac{7}{2} - 15 \right) - \left(-\frac{2}{3} + \frac{7}{2} + 15 \right) = -\frac{86}{3}$$

〈놀라운 세 살〉과 〈무서운 한 살〉 두 〈記憶力(기억력) 덩어리〉 明洞茶菓店(명동다과점)서 만나다

曹守賢(조수현)양(3) 金雄鎔(김웅용)군(1)

漢文千字(한문천자) 외우는 젖먹이

曹孃(조양)에 英綴字(영철자) 우기기도

好適手(호적수)-英語(영어)로 인사, 거침없이 應酬(응수)

"굳 모닝 베비"

"마이 네임 이즈 '웅용'"

"놀라운 세 살"짜리 재동(본보 2월 24일자 게재) 曹守賢(조수현)양과 맞서 보겠다고, 12일 정오 첫돌배기 신동 金雄鎔(김웅용) 군이 명동다과점에서 서로 영어로 첫 인사를 주고받았다.

曹(조)양(60년 8월 10일 생)은 "굿모닝 빠빠" 등 간단한 영어회화를 할 수 있는 실력, 金(김)군(63년 3월 7일생)은 아직 엄마 젖을 먹는 엉석덩이지만 국민학교 一(일),二(이)년 아이들과 어울려 곧잘 한글 〈카드〉놀이를 해서 화제를 모으고 있는 재동이다. (하략)

확인되는 자료만 놓고 보면 김웅용 씨의 언론 데뷔는 1964년 3월 12일 《동아일보》 사회면에 실린 위의 기사이다. '신동 신드롬'의 시작은 그가 아니었다. 보도 당시 세 살이었던 조수현 양이었다. 기사에 따르면, 한 달 전 조수현 양과 관련한 보도가 나오자 당시 첫 돌이 지난 김씨가 도전장을 냈다.[7] 보도를 보면 세 살 조양이 '보태기 빼기'를 하면 그는 구구단을 외워 맞장구를 쳤다. 보도에서 김씨의 부친은

생후 8개월의 아이가 장기 알을 내놓고 차와 포를 가리는 데서 아이의 천재성을 깨달았다고 했다. 신문은 당시 조양과 김씨의 능력에 대해 "한 번 듣거나 본 것에 대해서는 거의 외울 정도로 무서운 암기력이 특징"이라고 전하며, 김씨 부친의 전언으로 "장기의 초서뿐 아니라 약 천 자의 한자도 다 외우고 있으며, '찌리링 찌리링 비켜나세요('따르릉 따르릉 비켜나세요' 라는 가사로 시작하는 〈자전거〉 노래의 당시 표기인 듯)' 라는 초등학교 1학년 교과서에 나오는 노래 가사까지 다 외우고 있었다"라고 보도했다. 김씨 생일이 3월 7일이니, 갓 돌을 지낸 아이가 세 살 누나를 이긴 셈이다. 이때부터 언론의 관심은 신동 김웅용 씨에게 쏠린 것으로 보인다.[8]

나중에 그를 만났을 때 명동다과점에서의 일을 기억하고 있는지 여부에 대해 물어봤으나 "기억나지 않는다"는 답이 돌아왔다.

오오하시 요시테루 씨의 글에는 최초 보도자가 당시 동아일보 이강식 기자라고 했으나 위 기사에는 '庚(경)' 이라는 약칭이 붙어 있다. 아마 다른 기자로 보인다. 오오하시 씨의 책에는 김웅용 씨의 삶에 관련한 여러 사람들이 언급된다. 《선데이 서울》의 베테랑 기자' 라고 했던 박안직 기자는 박안식 기자로 추정된다. 박 기자의 후배로 서울

---

7) 보도에서는 자세히 언급하지 않았으나 한 살인 그가 자력으로 명동의 다과점에 가지는 않았을 것이다. 김웅용 씨 부친이 《동아일보》 조수현 양 보도를 보고 연락을 취해 자리가 마련된 것으로 보인다.
8) 두 살 많은 신동 조수현 양에 대한 이후 보도는 아쉽게도 찾아볼 수가 없었다.

신문사에 근무했던 〈인터뷰365〉의 이두호 대표는 "박안식 씨는 유명한 기자였는데 돌아가신 지가 꽤 되었다"라고 말했다. 유근주 당시 동아일보 기자는 그 후 기자를 그만뒀다. 창비사에서 『신채호』라는 제목의 어린이 책을 냈다. 그게 1994년의 일이다. 동아일보 동우회나 창비사가 갖고 있는 연락처로는 연락되지 않았다. 책에서 코멘트를 한 이상금 이화여대 유아교육학과 명예교수는 현재 외국에 나가 있다고 학교측은 밝혔다.

문학세계사로부터 '김웅용 씨의 책을 내보자'는 제안을 받은 것은 2012년 2월이었다. 원래는 김웅용 씨와 여러 차례 만나 이야기를 들을 계획이었다. 하지만 이러저러한 사정으로 그와의 인터뷰는 2회에 걸쳐 이루어졌다. 그것도 출판사측과 함께 한 상견례를 제외하면 제대로 된 인터뷰는 딱 한 차례. 말하자면 이 프로젝트는 미완의 프로젝트다. 언젠가 김웅용 씨와 보다 많은 이야기를 깊이 있게 나눌 수 있게 되기를 기대해 본다. 그 스스로 자신의 이야기를 다시 들려줄 것으로 믿는다.